□揚智文化事業股份有限公司 □生智文化事業有限公司

謝謝您購買這本書。

為加強對讀者的服務,請您詳細填寫本卡各欄資料,投入郵筒寄回
給我們(免貼郵票)。

E-Mail:tn605547@ms6.tisnet.net.tw

網 址:http://www.ycrc.com.tw

您購買的書名:＿＿＿＿＿＿＿＿＿＿＿＿＿＿＿

購買書店:＿＿＿＿＿＿縣＿＿＿＿＿＿市＿＿＿＿＿＿書店

性 別:□男 □女

婚 姻:□已婚 □未婚

生 、 日:＿＿＿年＿＿＿月＿＿＿日

職 業:□①製造業 □②銷售業 □③金融業 □④資訊業
　　　□⑤學生 □⑥大眾傳播 □⑦自由業 □⑧服務業
　　　□⑨軍警 □⑩公 □⑪教 □⑫其他＿＿＿＿＿

教育程度:□①高中以下(含高中) □②大專□③研究所

職 位 別:□①負責人 □②高階主管 □③中級主管
　　　　□④一般職員 □⑤專業人員

您通常以何種方式購書?
　□①逛書店 □②劃撥郵購 □③電話訂購 □④傳真訂購
　□⑤團體訂購 □⑥其他

對我們的建議

貝爾

Daniel Bell

王小章／著

編輯委員：李英明　孟樊　陳學明
龍協濤　楊大春

出版緣起

　　二十世紀尤其是戰後，是西方思想界豐富多變的時期，標誌人類文明的進化發展，其對於我們應該具有相當程度的啓蒙作用；抓住當代西方思想的演變脈絡以及核心內容，應該是昂揚我們當代意識的重要工作。孟樊兄以及浙江大學楊大春教授基於這樣的一種體認，決定企劃一套「當代大師系列」。

　　從八〇年代以來，台灣知識界相當努力地引介「近代」和「現代」的思想家，對於知識分子和一般民衆起了相當程度的啓蒙作用。

　　這套「當代大師系列」的企劃和落實出

版，承繼了先前知識界的努力基礎，希望能
藉這一系列的入門性介紹書，再掀起知識啓
蒙的熱潮。

　　孟樊兄與楊大春教授在一股知識熱忱的
驅動下，花了不少時間，謹愼地挑選當代思
想家，排列了出版的先後順序，並且很快獲
得生智文化事業公司葉忠賢先生的支持；因
而能夠順利出版此系列叢書。

　　本系列叢書的作者網羅有兩岸學者專家
以及海內外華人，爲華人學界的合作樹立了
典範。

　　此一系列書的企劃編輯原則如下：

1.每書字數大約在七、八萬字左右，對
　每位思想家的思想進行有系統、分章
　節的評介。字數的限定主要是因爲這
　套書是介紹性質的書，而且爲了讓讀
　者能方便攜帶閱讀，提昇我們社會的
　閱讀氣氛水準。

2.這套書名爲「當代大師系列」，其中

所謂「大師」是指開創一代學派或具
有承先啟後歷史意涵的思想家，以及
思想理論具有相當獨特性且自成一格
者。對這些思想家的理論思想介紹，
除了要符合其內在邏輯機制之外，更
要透過我們的文字語言，化解語言和
思考模式的隔閡，為我們的意識結構
注入新的因素。

3. 這套書之所以限定在「當代」重要的
思想家，主要是從八〇年代以來，台
灣知識界已對近現代的思想家，如韋
伯、尼采和馬克思等都先後有專書討
論。而在限定「當代」範疇的同時，
我們基本上是先挑台灣未做過的或做
得不是很完整的思想家，作為我們優
先撰稿出版的對象。

另外，本系列叢書的企劃編輯群，除了
包括上述的孟樊先生，楊大春教授外，尚包
括筆者本人、陳學明教授和龍協濤教授等五

位先生。其中孟樊先生向來對文化學術有相
當熱忱的關懷，並且具有非常豐富的文化出
版經驗以及學術功力，著有《台灣文學輕批
評》（揚智文化公司出版）、《當代台灣新
詩理論》（揚智文化公司出版）、《大法官
會議研究》等著作；楊大春敎授是浙江杭州
大學哲學博士，目前任敎於浙大，專長西方
當代哲學，著有《解構理論》（揚智文化公
司出版）、《德希達》（生智文化事業出
版）、《後結構主義》（揚智文化公司出
版）等書；筆者本人目前任敎於政大東亞
所，著有《馬克思社會衝突論》、《晚期馬
克思主義》（揚智文化公司出版）、《中國
大陸學》（揚智文化公司出版）、《中共硏
究方法論》（揚智文化公司出版）等書；陳
學明是復旦大學哲學系敎授、中國國外馬克
斯主義硏究會副會長，著有《現代資本主義
的命運》、《哈貝馬斯「晚期資本主義論」
述評》、《性革命》（揚智文化公司出
版）、《新左派》（揚智文化公司出版）等

書；龍協濤教授現任北大學報編審及主任，並任北大中文系教授，專長比較文學及接受美學理論。

　　這套書的問世最重要的還是因為獲得生智文化事業公司總經理葉忠賢先生的支持，我們非常感謝他對思想啓蒙工作所作出的貢獻。還望社會各界惠予批評指正。

李英明

序於台北

自序

　　作為宣告後工業社會來臨的預言家；作
為西方當代文化的卓越批評家；作為在後現
代主義理論論爭中，經歷了大浪淘沙式的篩
選檢驗，而能繼續以強大實力在哲學話語層
次展開角逐的屈指可數的幾位「高段位棋
手」中的一位，丹尼爾·貝爾無疑是當代社
會科學領域中最負聲望的社會理論和思想大
師之一。

　　一如任何一位大師級的人物一樣，貝爾
的思想著述也可能會引起具有不同的學科和
知識背景的人各不相同的興趣，因而可能有
各種不同的解讀，絕對中立客觀的解讀大概
是不太可能的，這本小書自也不能例外，雖
然作者力求如此。既然這樣，那麼筆者不妨
索性在這裡聲明，作為一名以社會學為專業

的人，我自己尤其對貝爾的以下幾個方面感
興趣：

1.他的研究方法論，即中軸原理的視角
加縝密精微的歷史考察的獨特方式。

2.他的營造用於理解和把握長時段社會
變遷的「大觀念」的非凡能力。

3.他的明確宣示的價值立場以及從他的
著述中處處表現出來的人文關懷和現實擔
當。

筆者以為，貝爾的這些方面，對於社會
學這門長期囿於整體論和原子論的方法論對
峙，並且（特別是在美國）日益流於帕森斯
（T. Parons）式的大而無當或拉札斯菲爾
德（P. F. Lazarsfeld）式的短視平庸，從而
越來越失去它在馬克思、韋伯等人那裡的精
神魅力的學科而言，都不無匡正糾偏的作
用。

最後，對於這本小書的出版，作者必須
感謝生智文化公司提供機會，同時還要特別
感謝孟樊先生對我的懶散拖拉的寬容；至於

因作者才智所限而導致書中在所難免地存在的疏漏錯訛，我不知該不該奢望讀者諸君也加以寬容或寬恕，但不管怎樣，我還是為此先在這裡向讀者諸君道一聲歉吧。

王小章

目　錄

第一章
從「霧都孤兒」到
知識精英

　　一套旨在系統介紹當代西方思想和學術
大師的系列叢書，若不包括丹尼爾・貝爾
(Daniel Bell) ，那無疑會是一個嚴重的漏
失。在當代西方社會學界，貝爾可以說不屬
於任何一個學派，但其與衆不同、別具一格
的思想體系，和對當代社會變遷脈搏的敏銳
把握，卻自本世紀五〇年代以來不斷地爲社
會學這門學科注入新的活力，並以縱橫捭闔
之勢對社會學中結構功能主義的、馬克思主
義的、經驗主義的等傳統做出頗具挑戰性的
回應，從而在相當程度上引導著社會學思想
的發展方向。當然，應該馬上指出，貝爾的
影響遠不只在社會學這一專業的領域，而且
還廣泛地瀰散於幾乎整個當代西方文化思想
界。下面的調查可以見貝爾的影響之一斑：
在1972年由美國哥倫比亞大學卡杜辛 (C.
Kadushin) 教授主持的全美知識精英普查
中，貝爾曾以高票名列三十位影響最大的著
名學者之首，而位居他身後的則有諾姆・喬
姆斯基 (Noam Chomsky) 、約翰・肯尼

斯‧加爾布萊斯（John　Kenneth　Gal-
braith）、諾曼‧梅勒（Norman Mailer）、
蘇姍‧桑塔格（Susan Sontag）、漢娜‧鄂
蘭（Hannah　Arendt）、埃德蒙‧威爾遜
（Admund Wilson）以及史學家理查‧霍夫
斯塔特（Richard Hofstadter）、大作家索
爾‧貝婁（Saul Bellew）、紐約文人圈的元
老、貝爾的前輩里奧耐爾‧崔寧（Lionell
Trilling）等等知名的知識分子，而其他幾
位也相當著名的社會學家，如阿弗雷德‧舒
茲（Alfred　Schutz）、塔科特‧帕森斯
（Talcott Parsons）等，則榜上無名。

　　當然，學者的大眾知名度有時也可以透
過譁眾取寵、迎合公眾而取得，尤其是在大
眾傳媒如此發達的今天。但貝爾的影響卻來
自他那種營造和操作旨在刻畫和把握長時段
的社會變遷方向的「大觀念」（big idea）
的能力，以及體現在對這些大觀念論述中的
對人類未來命運深切關懷和操心。當社會學
這門學科在美國越來越趨向於空疏抽象、大

而無當和瑣細的實證這兩個極端，越來越失去它在馬克思、韋伯等人手中的那種精神魅力時，貝爾卻在其著述中傾注了他對於人類精神境況、社會文化，對於人類未來命運的執著關切。貝爾的這種關切和操心集中地體現在他所提出的一系列「大觀念」中。在當代西方社會學中，貝爾的名字和三個深具影響的「大觀念」緊密地聯繫在一起，它們便是：意識形態的終結 (the end of ideology)、後工業社會 (the post-industrial society) 以及資本主義文化矛盾 (the cultural contradictions of capitalism)。雖然這些觀念一直處於爭議之中而沒有被其他所有學者完全接受，但是，一個無庸諱言的事實是，它們已深深地嵌入了當代社會學思想乃至整個社會文化思潮中，在很大程度上影響著當代社會思想的發展演變方向，以至於今天誰若想分析探討當代社會文化的變遷態勢就很難繞開丹尼爾·貝爾，特別是上述三個觀念。本書對丹尼爾·貝爾的介紹即以這

三個大觀念為中心。但在正式介紹之前，我
們不妨先來看一下貝爾的生平及其思想學術
活動的大致輪廓。

一、貝爾其人

貝爾於1919年出生於紐約一個東歐猶太
移民家庭。在貝爾出生尚只八個月時，父親
便撒手人寰，自此，他便和兄姐們隨著寡母
艱辛度日。為了應付生活，母親不得不從事
全日制工作，小貝爾白天便只好被寄托在一
家猶太孤兒院裡。在貝爾十一歲時，他的叔
父薩繆爾·波洛斯基（Samuel Bolosky）成
了他新的監護人。波洛斯基是貝爾家族原來
的姓，由於貝爾的叔父認為這個姓氏會有礙
於他這個牙科醫生事業的發展和社會地位的
提高，於是才和家族其他成員商定改姓貝
爾。

　　猶太孤兒院的生活，窮街陋巷裡的經歷，切身所感的排猶傾向和文化同化的壓力，親眼目睹的貧富懸殊的社會現狀，貝爾早年作爲猶太移民的後裔在成長過程中所體驗到的這一切，加上三〇年代的經濟危機和革命運動，促進了他心智的早熟，也深深地影響了他的思想和價值傾向。十三歲那年，貝爾讀了辛克萊（Upton Sinclair）的小說《叢林》，隨即便向他的老師宣布他已發現了眞理並且不再信奉上帝，繼而又加入了社會主義青年團（Young People's Socialist League）。這期間，他閱讀了大量關於社會主義的書籍，也開始接觸社會學。他既爲托洛斯基的思想所誘惑，又爲史達林主義所激動。但當他讀了他的幾位信奉無政府主義的表兄推薦給他的敍述喀琅施塔特事件的小冊子，包括伯克曼（A. Berkman）的《布爾什維克的神話》（*The Bolshevik Myth*）、《關於布爾什維克的眞相》（*The Truth about the Bolshevki*）、古德曼（E. Goldman）所寫的《喀琅施塔特的反抗》（*The Kronstadt Rebellion*）等，瞭解到托洛斯基和季諾維也夫怎樣殘酷地以武力鎮壓1921年喀琅施塔特的海軍兵變之後，他便決定要做一個民主社會主義者。

1935年，貝爾進入紐約城市學院學習，在那裡，他加入了名為「涼亭一號」（Alcove No.1）的社會主義閱讀小組。與該小組的其他成員——包括梅耶‧拉斯基（Meyer Lasky）、伊利文‧克里斯多（Irving Kristol）、奈瑟‧格萊澤（Nathan Glazer）等——不同的是，貝爾雖然也幾乎逐字逐句地閱讀了馬克思所有的著作，但他始終反對暴力革命。對於這一傾向，貝爾1981年在回顧自己的學術生涯時曾借用韋伯關於「責任倫理」和「終極目的倫理」的區分而做了解釋。和韋伯一樣，貝爾認為，要同時堅持「責任倫理」和「終極目的倫理」是難以實現的，而「責任倫理」則可以在解決既存的衝突時將牽涉到的各方所蒙受的損害控制在最

小限度內。貝爾傾向於「責任倫理」。

　　1938年,貝爾畢業於紐約城市學院。隨即
又到哥倫比亞大學研究所待了一年。此後的
二十年中,貝爾主要活動於新聞界。先是任
職於《新領導人》雜誌社,並於1941～1944
年擔任該雜誌的總編輯。繼而在芝加哥大學
擔任了三年社會學教員之後又於1948～1958
年間擔任《命運》雜誌的編輯。這些作為報
刊編撰人的經歷,一方面使貝爾深入地瞭解
了現實的政治鬥爭,另一方面也鍛鍊了他敏
銳感知現實和迅速寫作的能力。據他自己估
算,在1948年以後的二十年中,他總共寫了
426篇文章,其中許多都是長文。六〇年代以
後,貝爾的主要精力投入了學術生涯,但是,
他作為報人的才幹和熱情並沒有丟失,這集
中地反應在1965年他和伊利文·克里斯多共
同創辦的《公眾利益》雜誌和他作為《黨派
評論》雜誌編委的工作中。

　　如前所述,在貝爾先後擔任《新領導
人》和《命運》兩雜誌編輯工作之間的1945

～1947年間，他曾於芝加哥大學擔任過三年的社會學教員；此後，在其擔任《命運》編輯的時候，他又於1952～1956年間作爲社會學講師兼職於哥倫比亞大學。但是，貝爾正式的學術生涯卻開始於1958年他退出《命運》雜誌社而就任哥倫比亞大學社會學副教授之後。1960年，貝爾於該校獲得博士學位——新聞人、學者的兩棲生涯使得他獲得博士學位時已經四十一歲了；1962年，他升爲正教授。1969年，貝爾又轉任哈佛大學社會學教授；1980年，成爲該校亨利·福特二世社會科學教授，直至1990年退休。

在潛心學術的同時，貝爾並沒有把自己徹底封閉在象牙塔中而忘懷窗外的風雲世事。事實上，懷著對早年生活經歷的刻骨銘心的記憶的他，是不太可能置身世事之外而去從事超然脫塵的純學術研究的。貝爾是一名「介入型」的學者，而他的「介入」，除了體現在後面我們將要介紹的他的那些思想觀念之中——他的那些觀念本身即是對他所

置身的社會時代進行把握和引導的努力，是
他參與社會、投入時代的體現——同時也體
現在作爲新聞人的活動中，體現在他執敎於
講台、撰文於書齋的同時，還積極地直接投
身於許多旨在改造和規劃社會及其未來發展
方向的公共機構的活動。貝爾曾先後任職於
許多公共機構，以自己的學識積極參與公共
事務：1964～1966年，他是美國技術、自動化
以及經濟發展總統委員會（President's
Commission on Technology, Automation
and Economic Progress）的成員；1964
～1974年，他是美國藝術和科學院下設的
2000年委員會（Commission on the Year
2000）的主席；1976～1979，他擔任經濟合
作和發展組織（OECD）的國際未來計畫
（Inter-future Project）美國代表；此後，
他又成爲八〇年代國家議程總統委員會
（President's Commission on a National
Agenda for the 1980s）的成員，並擔任其
能源和資源組的主席；貝爾還是美國電子通

訊 和 計 算 機 研 究 國 家 委 員 會 (National
Research Council Board on Telecommu-
nications and Computers) 的成員。

　　當然，作為一名傑出的學者和思想家，
貝爾最主要的也最得心應手的工作自然還是
寫作著述，他對現實社會的介入也主要是思
想的介入、觀念的介入，而不是行動的介
入；或者說，向世人宣示他的思想觀念的撰
述就是他最主要的行動，是他最主要的介入
手段。而他的巨大的影響也主要來自他那等
身的著作。除了大量零散的文章，貝爾結集
出版的著作主要有：《意識形態的終結》

(*The End of Ideology*，1960年初版，1988
年新版新序)、《美國的馬克思主義社會主
義》(*Marxian Socialism in the United
States*，最初於1952年發表於由 D. Egbert
和 S. Persons主編的《社會主義和美國生
活》一書，1967年出版單行本)、《普通教育
的改革》(*The Reforming of General
Education,* 1966)、《工作及其不滿》

（*Work and its Discontents*，1956年初版，1970年新版）、《後工業社會的來臨》（*The Coming of Post-Industrial Society*，1973年初版，1976年新版新序）、《資本主義文化矛盾》（*The Cultural Contradictions of Capitalism*，1976年初版，1978年新版新序）、《蜿蜒之路》（*The Winding Passage:* Sociological Essays and Journeys，1980年初版，1991年新版新序）、《第二次世界大戰以來的社會學》（*The Social Science since the Second World War*，最初於1979年發表於大英百科全書出版社出版的《今日的偉大思想》，1982年出版單行本，中譯本易名為《當代西方社會科學》，社會科學文獻出版社，1988年出版）、《赤字：多大？多久？多危險？》（*The Deficits: How Big? How Long? How Dangerous?*, 1985）、《第三次技術革命》（*The Third Technological Revolution-and its Possible Socioeconomic Consequences*, 1990）等等。此外，貝爾還獨

自或與他人共同主編了許多著作，如：《激
進的右翼》（*The Radical Right*，最初於
1955年以《美國新右翼》為名出版，再版於
1964年）、《走向2000年》（*Toward the
Year 2000: Work in Progress,* 1968）、
《對峙：學生造反和大學》（*Confronta-
tion: the Student Revolt and the Univer-
sities*，與克里斯多共同主編，1969）、《今
日資本主義》（*Capitalism Today*，與克里
斯多共同主編，出版於1970年，再版於1971
年）、《經濟學理論的危機》（*The Crisis
in Economic Theory*，與克里斯多共同主
編，1981）等等。正是透過這一系列著作的撰
寫和編輯，貝爾廣泛而深入地分析探討了當
代社會之經濟、政治、文化等各個領域中的
現象和問題，從而確立了其在學術思想界的
崇高地位。在實至名歸、步入知天命之年以
後，一項項榮譽便紛紛向貝爾飛來：1972年
和1983年，他兩次受邀為哥根漢客座教授
（Guggenheim fellowship）；1977年，受邀

擔任倫敦大學霍布浩斯紀念講席（the Hob-
house memorial lecture）；1972年至1975
年，出任美國藝術和科學院副主席；1986
年，受邀擔任賓州大學菲爾斯講座（Fels
lecture）；1987年，擔任法蘭克福歌德大學
舒爾凱普講席（Suhrkamp lecture）；1992
年，獲美國藝術和科學院爲社會科學設立的
塔爾科特・帕森斯獎；同年又獲得美國社會
學會頒發給他的終身傑出成就獎；此外，貝
爾還先後獲得了總數不下於九個的榮譽博士
學位。

　　1990年，貝爾從哈佛大學退休。他沒有回
到喧囂繁華的紐約，而是選擇留在了寧靜的
麻州劍橋。但貝爾事實上退而未休，他依然
活躍於學術界，思敏筆健，常有他的文字出
現在報刊雜誌上。他的文章既發表在美國，
也出現在日本、韓國、印尼、墨西哥、義大
利、西班牙等國家。貝爾依然密切地關注著
當代世界之政治、經濟、文化諸方面的動態，
依然殫精竭慮地操著心。

二、價值取向

　　如前所說，貝爾的價值取向和他的生命
境遇有著很大的關連。一方面，作為曾在窮
街陋巷中成長、親歷過人間的不平等和社會
底層生活的艱辛的「霧都孤兒」，貝爾早年
自然而然地親近馬克思主義，熱心社會主
義；雖然，貝爾作為激進少年擁抱激進的社
會主義的時日並不很長，但是，自從十三歲
的少年貝爾宣布不再信奉上帝而信奉社會主
義之後，他便始終沒有徹底放棄過他的社會
主義傾向，並且始終給馬克思的學說以超乎
一般的重視。另一方面，貝爾的猶太血統又
使他無法割斷同自己悠遠的文化傳統的血肉
聯繫，並且本能地懷有著一種宗教情懷，特
別是隨著心智的成熟，貝爾越來越深切地感
到，惟有緜密深厚的傳統，才能提供眞正的

價值權威和信仰，惟有深切的信仰或者說崇拜（cult），才能提供生命的意義，撫慰人類的心靈和精神。

無疑，按一般的理解，作爲意識形態的馬克思主義或社會主義和基於傳統主義的信仰之間存在著內在的緊張和衝突：前者在資本主義社會制度背景之下顯然具有激進色彩，而後者則明顯帶有保守傾向。但貝爾透過兩個方面的努力而化解了這種內在的衝突和緊張，從而使它們和平共存於其思想結構之中。

首先，貝爾在其思想漸趨成熟以後，對馬克思主義採取了「非意識形態化」處理：五〇年代之後，貝爾對馬克思主義基本上採取學術研究的態度，一方面非常重視馬克思的理論遺產，承認其學說之於現代社會的重大價值，並呼籲要同社會主義國家的學者共同探討未來的社會制度；另一方面，他在研究發達資本主義演進規律時並不以馬克思爲準，而是將其思想同聖西門、韋伯、凡勃倫、

桑巴特、熊比得等人的社會學、政治經濟學
理論做通盤的比較，各有取捨；與此同時，
貝爾對現實生活中左、右兩個方面的思潮或
運動都展開批評：既繼承左翼知識界對資本
主義實施理論批判的傳統，抨擊麥卡錫反
共、反民主的右翼思潮，又以左翼運動過來
人的體驗批評社會主義革命的「烏托邦」傾
向，主張循序漸進的政治改革和經濟平等。

　　其次，貝爾一方面如前所說始終沒有徹
底放棄他的社會主義傾向，另一方面又從其
自己的理論立場出發，對社會主義做了重新
定義和限制。在此，貝爾有關經濟、政治、
文化三大領域相互獨立、各自圍繞自身的軸
心原則運轉的觀念為他對社會主義的限制提
供了理論基礎。他把經過他重新定義的社會
主義嚴格地限定在經濟領域內。在哈佛，貝
爾在他的學生中有一個「聖三一教堂」的綽
號，原因就在於他一再這樣聲明自己的價值
立場：「本人在經濟領域中是社會主義者，
在政治上是自由主義者，而在文化方面是保

守主義者。」

　　貝爾深知自己在價值取向的奇特組合會
引起人們的疑惑，因爲不少人都認爲，只要
某個人在一個領域內激進，他在其他方面也
必然激進，而如果某個人在一個領域內保
守，他在其他方面也會保守。但貝爾認爲這
種觀念錯誤地判斷了不同領域的性質。在他
看來，經濟、政治、文化是三個相互獨立的
領域，各有自己的軸心原則。因此，貝爾深
信自己的觀念並不相互矛盾而具有內在的一
致性。在《資本主義文化矛盾》一書的前言
（1978年再版）中，貝爾對自己的上述價值
取向做了詳細的解釋說明。

　　「我在經濟問題上持社會主義立場。」
但貝爾所謂的社會主義不是指中央集權或生
產資料集體所有制。它所論及的是經濟政策
的優先權問題。貝爾堅持，在這個領域中，
群體價值優先於個體價值，前者是經濟政策
合法性的依據。所以社會資源應該優先用來
建立「社會最低限度」，以便每個人都能過

自尊的生活，成為群體的一份子。這意味著
應有一套勞動者優先的雇傭制度，有對付市
場危機的一定安全保障，以及足夠的醫療條
件和防範疾病的措施。貝爾對需要（needs）
和欲求（wants）做了區分。「需要」是所
有人作為同一「物種」的成員所應具有的東
西。「欲求」則代表著不同個人因其趣味和
癖性而產生的多種喜好。社會的首要義務是
滿足需要。貝爾所支持的「社會最低限度」
也就是指能滿足基本生活要求的家庭收入。
當然，貝爾承認，這個限度是一個文化定義，
會因時代的發展而變動。貝爾自稱是社會主
義者，還在於他反對把財富轉換成與之無關
的領域內的過分特權。他堅稱這是不公正現
象。他認為，在財富、地位和權力的領域內，
存在著各自有別的公平分配原則。

　　「我在政治上是自由主義者。」貝爾政
治自由主義立場的確立同他在經歷了激進少
年的歲月之後對馬克思主義的非意識形態化
處理密切相關：正是在他對馬克思主義採取

學術化研究態度的同時，一方面繼承左翼知
識分子傳統抨擊麥卡錫反共、反民主的右翼
思潮、一方面又以左翼運動過來人的體驗批
評社會主義革命的「烏托邦」傾向的左衝右
突中，貝爾確立了其政治自由主義的立場。
在此，貝爾對政治和自由的理解均來自康
德。他認為政治領域中的主要行動者是個
人，而非集體。他堅持政治應當把公眾和私
人區別對待，以避免共產主義國家裡將一切
行為政治化的傾向，或防止傳統資本主義社
會中對個人行為毫無節制的弊端。公眾領域
依照人人平等的法則運轉，而私人領域
——不管在道德上還是經濟上——則屬於人
們願意做就做的自決領域，只要他們活動的
「溢出效應」（如環境污染）不直接妨礙公
眾領域。貝爾相信個人成功原則，而不贊同
對社會地位實行遺傳或規定的指派。在全世
界都盛行社會競爭的情勢下，貝爾認為社會
的價值標準應當獎勵個人成就。

　　「我在文化領域裡是保守主義者。」貝

爾所說的文化的含義略小於人類學上同「自
然」相對的、涵蓋一切的「生活方式」的寬
大效應，又不像貴族傳統那樣把它狹窄地限
定在精妙形式和高雅藝術之內。在貝爾這
裡，文化是為人類生活過程提供解釋系統，
幫助他們對付生存困境的一種努力。文化是
意義的領域。它透過藝術與儀式，以想像的
表現方式詮釋世界的意義，尤其展示那些從
生存困境中產生的、人人都無法迴避的所謂
「不可理喻性問題」，如悲劇與死亡。而宗
教作為破解這類問題，提供有關人生意義之
變化而又統一的解答的最古老的努力，則一
直是文化象徵的源泉。貝爾自稱在文化領域
中是保守主義者，是因為，他崇敬傳統，相
信傳統在保障文化的生命力方面是不可缺少
的，也惟有連貫的傳統才能綿延支撐起宗教
在人們心中真正的生命活力。同時貝爾敬重
權威，相信權威的作用。他認為，傳統需要
瞭解，藝術作品的好壞需要鑑別，經驗、教
育等的價值應加以判斷，這一切都需要經過

學習而掌握，因而都有賴於權威的導引，而
真正的權威，也惟有在連貫而有活力的傳統
下才能孕育成功。

　　如前所述，貝爾深信自己上述這種組合
型的三位一體的價值立場具有內在的連貫統
一性。他說：「首先，它透過最低經濟收入
原則使人人獲得自尊和公民身分。其次，它
基於任人唯賢原則承認個人成就帶來的社會
地位。最後，它強調歷史與現實的連續性，
並以此作為維護文明秩序的必要條件，去創
建未來。」貝爾對這種價值立場之合理性的
自信促使他時時努力把它們貫徹到他的社會
文化批評實踐中去，從而體現出他介入時代
社會的個人的獨特姿態。這典型地反應在他
對和「紐約文人圈」（New York Intellec-
tual Circle）的關係的處理中。紐約文人圈
的成員多為猶太移民，早年不是共產主義者
也至少是社會主義者，但在其成年以後，一
個個都轉向了保守右傾，並變得十分偏狹：
他們拒絕譴責麥卡錫主義和美國對越南的軍

事干預；既堅決反對黑人運動、婦女運動，
也極端反對學生抗議運動；而對美國對以色
列的支持則表示毫無保留的贊同。從關係上
說，貝爾無疑是紐約文人圈中的重要成員，
他始終和其中的核心人物們保持著密切的接
觸。但是，當有人把「新保守主義者」的標
籤送給這個知識群體，並且把貝爾也包括在
內時，貝爾總是毫不猶豫地表示拒絕。在立
場上，貝爾和該知識群體的其他成員確實保
持著明顯的距離。他既批評美國的官僚體制
對於勞工的束縛，又譴責美國軍隊對北越的
狂轟濫炸以及對柬埔寨的入侵，認為這是美
國的恥辱。同時，貝爾也深切地批評學生的
抗議行為，但貝爾的批評是因為他認為學生
的激進狂暴行為會危害知識界的優良傳統，
威脅學術共同體的生存。正是由於貝爾的這
種姿態和觀點，與紐約文人圈的其他成員甚
不協調，貝爾最終辭去了他和伊利文・克里
斯多共同創辦的《公眾利益》雜誌編委的職
務。不過，儘管如此，貝爾始終把自己看成

是紐約文人圈中的一員。只是，在他看來，
所謂紐約文人圈更常是一個具有類似學術風
格的共同體，而不關乎其他。

　　或許，在貝爾自己的理論結構中，在他
自己所定義的義涵下，經濟上的社會主義、
政治上的自由主義、文化上的保守主義這種
三位一體的價值取向確實具有內在的連貫統
一性，因而具有合理性。但是，實質性的問
題並不因這種形式上的連貫性而就此完全解
決、一了百了。這是因為價值取向在思想結
構中、在學理思辨中的所呈現的合理性並不
意味著它們在現實生活中、在個體真實生命
中的落實。這裡最值得一提的是文化領域，
也即最讓貝爾為之操心不已的關乎生命意義
的領域。如前所述，貝爾深切地感到，惟有
真正的信仰或者說崇拜，才能提供生命的意
義，沒有真切的信仰，人便是精神上的無家
可歸者。於是生活在信仰危機時代的貝爾盼
望著信仰的重臨，盼望著整個社會重新向某
種宗教觀念回歸。但是，如果人們已經喪失

了信仰，又怎樣去重新確立其信仰或者說崇
拜呢？（貝爾把宗教和崇拜做了區分，前者
置信徒於教會的組織和紀律約束之下，而後
者是黑格爾所讚賞的那種自覺自願、獨立領
悟和奉行的信仰。對於當代社會，貝爾傾向
於後者。）自稱保守主義者的貝爾寄希望於
有活力的傳統。但問題又在於，傳統的活力，
或者如希爾斯（Edward Shils）所稱的實
質性傳統（substantive tradition）的那種
能喚起人們敬畏之情的奇里斯瑪（Cha-
risma）特質，本身也正如希爾斯所說，繫於
人們對它的自動自發的景仰，而如果傳統已
經敗壞，已喚不起人們心中的神聖之感，誰
又能重新激發傳統的活力呢？哈伯瑪斯
（Jurgen Habermas）在批評貝爾時也一針
見血地指出：「人當然不能用魔法虛構出擁
有權威的強制性信仰。」貝爾面前的困惑於
是就在於，他深知人應該有信仰，卻苦無途
徑在這末世去切實地建立起信仰。「我找不
到『終極的』地方，因為我沒有最終的答

案。」行邁靡靡，中心搖搖，貝爾和多數當
代人一樣，也是精神上的無家可歸者，所不
同的只是，他雖一直在途中，卻心念著歸宿，
爲自己，也爲人類。

第二章
社會學方法論

　　在第一章一開頭我們即已指出，貝爾的
影響遠遠超出於社會學這一專業領域，但
是，無論是從貝爾的自我認同，還是從他的
著述以及學界對他的定位來看，貝爾首先是
一個社會學家。跟他的價值取向一樣，貝爾
對社會學的選擇也和他早年的生活經驗有
關。在一篇回憶的文章中，貝爾這樣說道：
「我在紐約的貧民窟長大。打我有記憶起，
母親就一直在製衣廠工作，父親在我還在襁
褓時就去世了。我生活周圍所看到的就是東
河碼頭附近那些錫鐵皮的簡陋棚屋。許多失
業者住在臨時搭建的窩棚裡，常可看到他們
在垃圾中翻撿著食物。夜晚，我常和其他一
些男孩到西區的蔬菜批發市場去偷馬鈴薯或
撿拾散落在街道上的碰傷的蕃茄。有時，我
們會把這些東西帶回家，有時就用從市場裡
弄來的破罐頭直接在街上烤著吃掉。當時，
我就常常想，所有這一切爲什麼會是這樣？
看來，從那時起，就已經註定我日後要成爲
一個社會學家了。」進入紐約城市學院以

後，除了馬克思主義的書籍，貝爾閱讀得最多的就是社會學著作；此後，無論是在芝加哥大學、哥倫比亞大學，還是在哈佛大學，貝爾擔任的也都是社會學的教職。因此，要認識貝爾，無法不認識他的社會學。而要認識他的社會學，則首先應該瞭解他的方法論。貝爾的社會學方法論，既是他作為社會學家認識研究社會的透鏡，又是他一切社會文化評論活動根據的基礎。或許，貝爾沒有能夠為今天這個社會和文化應該走向哪兒以及怎樣走向它應該去的地方提供「最終的」而又切實管用的答案，但是他確實為我們提供了一種認識分析社會及其變遷的方法與視角。

　　在回憶其一生的學術活動中所受過的影響時，貝爾常常會提到他在芝加哥大學和哥倫比亞大學的經歷。在芝加哥大學，和里斯曼（David Riesman）、希爾斯、辛格（Milton Singer）等這些傑出的青年學者的接觸切磋使貝爾獲益匪淺，正是在那裡，

貝爾逐步形成掌握了對長時段的社會變遷及
其問題進行理論分析把握的能力；在哥倫比
亞大學，貝爾所受的影響使他逐漸走向社會
學中的韋伯傳統（當然是作爲歷史社會學家
的韋伯，而非經過帕森斯的「創造性誤解」
的作爲「行動理論家」的韋伯）。但是，與
芝加哥、哥倫比亞的經歷相比，貝爾於其中
工作時間最長，其學術生命於其中走向頂峰
的哈佛大學的社會學似乎並沒有給他什麼影
響，他甚至很少提到他在哈佛大學的那些社
會學同行。這大半要歸因於貝爾和哈佛大學
的那些社會學同行們在方法論上的分歧對
立。

　　哈佛大學的社會學講台在貝爾進入之前
主要由一批結構功能主義者所占據（帕森斯
在哈佛工作了整整四十年）。結構功能主義
的社會學在方法論上屬於整體論。整體論通
常把社會看成一個自足的、封閉的系統，在
這個系統中，社會的各個方面、各種因素整
合聯繫在一起，並爲某種單一的動力（如生

產方式）或邏輯（如功能整合）所驅動。貝
爾認為，馬克思和帕森斯雖然理論取向極為
不同，但是都屬於典型的整體論者。馬克思
認為，占支配地位的生產方式影響制約著社
會的各個層面，人類歷史的不同時期也就是
占主導地位的生產方式的不斷更替：從奴隸
制到封建制，再到資本主義，而資本主義的
生產方式也必將在無產階級的革命中為社會
主義生產方式所取代。而結構功能主義者帕
森斯則認為，一個社會的存在，係賴於四項
功能，即適應（adapation）、目標獲取
（goal attainment）、整合（integration）
和潛在模式維持（latent pattern mainte-
nance）——的滿足，而社會的各種專門化
的機構和制度則透過履行和滿足這些功能而
使社會各部分得以和諧地整合在一個系統之
中，社會就是這樣一個功能自足的體系。但
是貝爾拒絕這種整體論觀點，無論是馬克思
的還是帕森斯的。在《資本主義文化矛盾》
的〈主題緒言〉中，貝爾批評馬克思的觀點

不符合當代社會發展現實。歷史並非馬克思
的辯證體，社會主義也沒有取代資本主義：
社會不是統一的，而是分裂的，它的不同領
域各有不同的模式，按照不同的節奏變化，
並且由不同的甚至相反的軸心原則加以調
節。而在〈第二次世界大戰以來的社會科
學〉一文中，貝爾一方面對帕森斯力圖建立
一門關於社會制度和社會行動的綜合社會形
態學的努力表示敬意，另一方面，又力指他
的整體思維模式的僵化和大而無當，認為帕
森斯的工作「可以說已經失敗了」；並且明
確表示懷疑：「一門社會科學，特別是社會
學，究竟能否有一個普遍的社會理論或創造
一個封閉的體系？」、「人們能否用整體論
術語來考察一個社會？」。

　　假如整體論的理解圖式不是認識把握社
會、特別是現代社會的有效方法，那麼，有
效的、適當的方法是什麼？貝爾於是提出了
他自己替代的概念性圖式。貝爾的圖式作為
一種分析工具具有和帕森斯或馬克思一樣的

普適性，但是在帕森斯或馬克思那裡的統一
系統在貝爾這裡則被劃分解析成了各有獨立
的發展變遷邏輯的不同領域。貝爾的劃分可
分為兩個層面。在最普遍的層面上，人的狀
況被分為三個領域：自然的、技術的和社會
的，人類的經驗就是由這三個領域的遭遇與
對這三個領域的改造、瞭解兩者交織而成。
自然是「人外面的能為人所重新設計的領
域。」在人與自然關係的發展改變過程中，
整體趨勢是人由自然的犧牲者而變為自然的
統治者。技術是一種工具性手段，它以效率
邏輯組織安排人類經驗，以物質獲取為目
的，利用自然力量。技術沿著五個向度變化，
即：(1)對客體的功能的關注逐漸超過對形態
的關注；(2)自然能源越來越多地被非生物資
源所取代；(3)物品的複製因邊際費用的遞減
而大量出現；(4)訊息傳播和機器控制人的活
動的可能性增大；(5)規則化、程序化的決策
系統漸漸取代人的判斷。技術對自然產生了
巨大的影響，它不斷地拓展了改造轉化物質

世界的可能；同時，技術也深深地影響了社
會。「從意識和意向來講，社會是一種道德
秩序，其合法性存在於它滿足人們物質的和
超越性的需要的能力。……它是一種立足於
現在而非過去的契約，在這種契約之下，那
些被構制的規則只要看起來正當和公正就被
遵循。」社會沿著其內部的複雜性和外部的
相互依賴性不斷增長的方向變遷發展。

　　不過，對自然、技術、社會三部分的劃
分並非貝爾社會學方法論最重要的方面。貝
爾社會學方法論最重要的、最引人注目的方
面是，他一反社會統一觀而進一步將社會又
劃分為三個相對獨立的領域，即技術——經
濟系統、政治系統和文化系統，三個領域各
有不同的軸心結構，各服從於不同的軸心原
則。它們之間並不相互協調一致，變化的節
奏亦不相同。它們各有自己的獨特模式，並
依此形成大相逕庭的行為方式。

　　需要指出的是，在不同的場合，貝爾對
三個領域的提法不盡相同。在《資本主義文

化矛盾》中，社會的三個領域是技術——經
濟體系、政治和文化，但在《後工業社會的
來臨》以及文集《蜿蜒之路》中，社會的三
個領域則分別是社會結構、政治和文化，不
過，在具體論述中，社會結構和技術——經濟
體系基本可以對應互換。此外，在《蜿蜒之
路》中，貝爾認爲三個領域的劃分作爲一種
分析的概念圖式適用於對一切社會的分析考
察，而在《資本主義文化矛盾》中，他則專
門以此來考察分析當代資本主義社會。對此
歧異，我們不妨這樣來理解：各有自身的軸
心原則的三個領域的劃分適合於一切社會形
態，但是，只有在當代社會中，它們才走上
了徹底分裂和自主的道路。關於這一點，後
面我們介紹貝爾關於當代資本主義文化矛盾
的論述時，還將進一步談到。

　　技術——經濟體系的任務關係到生產的
組織和產品、服務的分配。它構成了社會的
職業分層系統，並涉及技術的工具化使用；
前者，也即生產組織，構成了它的軸心結構，

後者則構成了其軸心原則。在現代社會裡，
技術——經濟體系的軸心原則是功能理性，
它持續地推動成本的降低和產量的提高，而
它的調節方式就是節儉；技術——經濟體系
在現代社會中的軸心結構，則是科層體制，
這種體制的產生是分工專業化和功能切割的
結果，也是工作協調統一的需要。技術——經
濟體系有自己的測量尺度，即實際效用。它
還有一條簡單的變革原則，即不斷更新產品
或生產流程。技術——經濟體系本身是個物
化的世界，其中只見角色，不見人，或者說，
個性對於組織圖表所指定的角色來說是次要
的，組織圖表所突出的是科層關係和功能作
用，社會互動只在角色之間進行，人因而變
成了物件或「東西」。

　　政治是這樣一套社會安排，它架構框定
了一種關於正義的概念，並在此架構內調節
社會衝突。正義的具體內涵通常形成於特定
社會的傳統，或由憲法規定說明；調節則透
過權力的使用，即透過暴力的合法使用和法

治來完成。因此，政治是一個涉及到社會中
的合法權力的分配的社會權威體系。它的軸
心原則是合法性，在現代民主政體中，體現
為被統治者授權於政府進行管理的原則。這
種合法統治的隱含條件是有關平等的思想，
即認為所有人在政治問題上都有發言權。政
治的軸心結構是統治的制度，在現代社會則
表現為代表選舉制或參與制：由幾個政黨或
社會團體分別反應社會不同方面的特殊利
益，作為他們的代表機構或參與決策的工
具。政治體系的管理方式帶有技術官僚的傾
向，但由於政治行動的基本目的是調和衝突
和不相容的利益要求，或尋求覆蓋性條令及
憲法允許的權威立場，因而政治決策主要依
靠的是討價還價的談判協商或法律仲裁，而
非技術官僚的理性判斷。

　　文化，在貝爾這裡指的是象徵形式的領
域，意義的領域。它透過藝術、宗教儀式等，
以想像的方法詮釋世界的意義，尤其是那些
從生存困境中產生的、人人都無法迴避的所

謂「不可理喻性問題」，如悲劇與死亡。因此，尋求對人類生存意義的解釋和表達構成了文化的軸心原則，而宗教、藝術等的權威體系則形成了文化的軸心結構。在現代社會中，文化領域的軸心原則體現為不斷表現並再造「自我」，以達到自我實現和自我滿足，文化產品的評價尺度不再根據對標準的共同認識，而是生產和消費它們的每一個「自我」的主觀的判斷；而意義以及作品（artefacts）的生產和再生產機制則構成了現代文化的軸心結構。

貝爾指出，他的軸心原則和軸心結構的思想力圖說明的不是因果關係，而是趨中性。在尋求社會如何結合在一起這個問題的答案時，它設法在概念性圖式的範圍內說明其他結構環繞在周圍的那種組織結構，或者是在一切邏輯中作為首要邏輯的功能原理。貝爾承認，軸心原則和軸心結構的思想並非完全是他的獨創，「許多社會科學的大師們都在他們的論述中含蓄地運用了中軸原理或

中軸結構的思想。」貝爾的獨特之處只在
於，他在運用這一原理透視社會的同時還表
示，社會並不是一個圍繞著一個中心組織起
來的統一系統，它分裂爲各有自己的運行邏
輯的不同領域，各個領域之間並不存在像馬
克思所說的那種簡單的決定和被決定關係，
也不像帕森斯所認爲那樣總是彼此調適的。
與此相對的是，各個領域的變革節奏也各不
相同：技術──經濟體系的變革是直線性
的；而在文化的變遷中則始終存在著一種
「回躍」（ricorso），即不斷回到人類生存
痛苦的老問題上去；至於政治領域的變革則
又是選擇性的，即「人們會選擇適應他們時
代的政治模式」。（參見本書第四章第一
節）在《後工業社會的來臨》中，貝爾簡潔
明瞭地概括了他的中軸原理在現代西方社會
中的表現：「在現代西方社會裡，社會結構
的中軸原理是經濟化，這是一個根據最低成
本、使用代用品、謀求最佳效果和尋求最高
價值等原則來配置資源的途徑。現代政體中

的中軸原理是參與管理，有時候是經過動員
或有控制的參與，有時候是自下而上要求的
參與。文化的中軸原理是實現自我並加強自
我的願望。」

　　上述中軸原理，既爲前述貝爾三位一體
的組合型價值立場提供了學理上的支持，同
時，也是他所有社會學研究和社會文化批評
的主要的方法論基礎，這一點，在我們以後
的介紹評述中將可清楚地看到。

第三章
階級・政治・意識形態

　　作爲一名密切地關注著當代社會發展動
態並深切地爲其未來命運操心的思想家，貝
爾思想的觸角幾乎遍及當代社會的所有領
域，不過，如前所說，其思想中迄今爲止最
引起思想學術界的關注或者乾脆說爭議的則
主要有三個「大觀念」，即「意識形態的終
結」、「後工業社會」和「資本主義文化矛
盾」，本書的評述主要也將圍繞著這三個觀
念而展開。

　　初版於1960年的《意識形態的終結：五
〇年代政治理想的耗竭》（*The End of
Ideology: On the Exhaustion of Political
Ideas in the Fifties*）可以說是第一部使貝
爾眞正成爲美國乃至整個西方思想學術界廣
爲人知的人物的著作，但是對於這部書所產
生的影響，貝爾自己在該書1988年新版的後
記中卻認爲它之所以如此普遍地爲人所知
「更多的是因爲它的書名而不是因爲它的內
容。」意思是說，是「意識形態的終結」這
一書名投合了當時正對這一問題展開爭論的

知識界的精神氛圍，從而吸引了他們的注
意，而事實上，貝爾雖然是當時關於「意識
形態的終結」的爭論的主要參與者，並且此
後一直是這一觀點的積極捍衛者，但這一本
論文集的主題卻主要是對於西方特別是美國
的階級狀況和政治特徵的分析闡述，只是在
該書短短八頁的跋語中才直接對「意識形態
的終結」做了簡要的闡述。

　　但是，爲什麼貝爾要把一部主要以論述
階級狀況和政治特徵爲主題的論文集冠之以
「意識形態的終結」這樣一個書名呢？這當
然不是因爲貝爾故弄玄虛，也不僅僅是因爲
他一味地要迎合時潮。事實上，在這三者
──階級、政治和意識形態──之間確實存
在著某種歷史的、內在的聯繫，而如果允許
把它們之間的這種關係加以抽象簡化的話，
那麼可以說，在一個存在著馬克思意義上的
明確的階級分化的社會中，階級是政治的社
會基礎，政治是「階級政治」（class poli-
tics），而意識形態則是爲各階級及其政治

行動的合法性所做的文化辯護或者說是政治的文化旗幟和動力。而貝爾對西方特別是美國的階級狀況和政治特徵的考察分析則指出，馬克思意義上的那種明確穩定的階級分化在美國這個殖民社會中原本就不很明顯，而到了本世紀五〇年代之後更可以說已基本不再存在；美國的政治主要地也不是表現為對立階級之間的「殊死的鬥爭」（wars-to-the-death）或為某種社會理想（如共產主義）而做的不妥協的奮鬥，除了個別時期偶爾的例外，它基本上表現為一種「地位政治」（status politics）和「務實政治」（practical politics），注重的是物質利益上的討價還價和妥協容忍，意識形態不構成政治行動的動力。換言之，在一定意義上，貝爾對階級狀況和政治特徵的考察分析為他做出「意識形態終結」的論斷提供了讓人可以意會的基礎，雖然他對這三個方面的論述各自成題，各有角度。

一、階級

　　貝爾的階級概念和他對於現實社會階級
狀況的分析都源於他和馬克思之間的對話。

　　眾所周知，階級是馬克思最基本的概念
之一，從整體上看，馬克思傾向於根據財產
所有權來劃分階級，但是，正如貝爾指出的
那樣，在馬克思的前後各種著述中並沒有完
全以一種統一的方式使用這一術語。貝爾即
指出了他的五種不同的用法，即(1)作為指稱
任何壓迫性體制的一種修辭手段；(2)作為一
種潛在的結構；(3)作為討論歷史上的各種階
級的工具；(4)作為資本主義生產方式的抽象
模式的一個部分；(5)用以指稱當代社會中存
在的分化的經驗事實。而馬克思在對「階
級」這一概念的各種具體使用中所呈現的這
種複雜性又和當代社會學家們各自所賦予

「階級」的各種不同的涵義相混在一起：
如，有人把階級看作是基於職業或權威的分
化，有人認爲是在聲望、商務或勞動力市場
中的地位（position），也有人認爲階級是
根據等級（rank）、地位（status）或亞文
化（sub-culture）特徵而劃分出的社會群體
等等。所有這一切都增加了今天在使用「階
級」這一概念時的混亂和困難。於是，一方
面爲了澄清這種混亂，另一方面也是爲了提
高「階級」這個概念在分析各種不同類型的
社會時的適應性（從後面的敍述中我們將會
看到，貝爾認爲馬克思基於財產權的階級概
念也只適用於一個特定的歷史時期），貝爾
提出了他自己的階級概念。

首先，他把階級的觀念和任何特定的基
礎相分離。他認爲，與其視階級的劃分和存
在依賴於某一特定的標準或基礎，如財產、
職業等，無寧說它可以建基在社會權力的三
種資源的任何一種之上。貝爾所說的三種社
會權力資源是：⑴財產；⑵技術；⑶政治職

位。取得財產的主要途徑是繼承，取得技術
的必要途徑是教育，取得政治職位的途徑通
常是透過加入某種利益的或種族的群體和組
織而贏得選舉或任命。

其次，貝爾又指出，階級的存在還是需
要有一種「文化的外觀」（cultural out-
look），藉以提供共同意識和它存在的合法
性。「一個『階級』，只有當它存在一種共
同的、縣續的制度性利益(a community and
continuity of institutional interest)，並且
具有一種為它的成員提供識別符號（或行為
規則）的意識形態時，它才存在。」據此，
貝爾認為，資本資產階級無疑是一個階級，
「由於它在私有財產體制下的共同利益，由
於該體制透過家族而獲得的縣續性，也由於
私有財產借助於自然法體系而獲得的合法
性。」在《後工業社會的來臨》中，貝爾給
「階級」下了一個相當明確的定義：「最終
說來，階級並不意味著一個特殊的人群，而
是把取得、掌握和轉移不同權力及其有關特

權的程序制度化的一種體系。」

在確定了自己的階級概念之後，貝爾便開始考察近代以來西方社會中的階級結構及其在當代的變化。貝爾承認，馬克思基於財產所有權而劃分的階級概念對於分析1750～1950年之間的西方工業社會是適用的，在這期間，新的工業資產階級和無產階級逐步地取代了處於舊的封建身分等級秩序中的貴族和農民。在說明這一發展過程時，貝爾套用了涂爾幹（E. Durkheim）的一個分析圖式，該圖式把任何社會都劃分為一系列「垂直的」部門或者說領域，如地耕農業、教會、軍隊、法律系統、商業系統等等，由於這些部門的內部都存在著自上而下的等級分化和排列，故而是「垂直的」。而隨著十八世紀中葉以後高效的工業技術和組織原則的逐步出現和成長，經濟這個部門大大地增加了它的力量而膨脹凸顯出來，從而它的價值便瀰散滲透到了所有其他的部門，進而原本只是該部門內部的階層或階級體系現在便支配了

整個社會，或者說等同了社會的階級體系；
與此同時，在這期間占據主導地位的「家族
資本主義」又爲這種階級體系的存在和縣續
提供了制度性的保障。至此我們已經可以看
出貝爾和馬克思之間的一個重要分歧，即在
他看來，即使按照馬克思基於財產劃分階級
的標準，階級結構也不像馬克思所認爲的那
樣存在於整個人類歷史之中（所謂迄今爲止
的一切歷史都是階級鬥爭的歷史），而只是
人類歷史一定階段的產物。換言之，馬克思
關於階級的這一概念只適合於分析考察一個
特定的歷史時期，即財產作爲社會權力的最
重要的乃至是唯一的基礎在社會生活中具有
決定性的重要意義，同時「家族資本主義」
又確保了財產所有權的縣續性的時期。而到
了二十世紀五○年代以後的今天，貝爾認
爲，馬克思的概念已經不適用了。原因在
於：「在過去25年到50年間，（作爲西方社
會主導的制度的）財產制度已經在解體」，
財產作爲階級和權力的基礎的重要性已經開

始下降，而與此同時，政治職位尤其是技術
的重要性則正在日益上升。

　　貝爾這一觀點的比較系統的表述最早便
出現於收錄在《意識形態的終結》一書中的
〈家族資本主義的瓦解：美國的階級變化〉
一文，而後又在《後工業社會的來臨》、
《資本主義文化矛盾》等著作中一再涉及。
在論述「家族資本主義」時，貝爾吸取了恩
格斯關於「家庭」或曰「家族」的思想，認
爲它係依賴於財產和婚姻相關連的制度。財
產給家族以權力，而門當戶對的世家婚姻則
確保了某一家族所積聚的財產始終保持在該
家族之內。家族和財產之間的這種聯結乃是
（馬克思意義上的）階級體系的基礎：「彼
此接觸來往的人們都處在相同的社會水平線
上，在公共學校中接受與他們的財富相當的
同樣的教育，遵循同樣的禮儀和道德，閱讀
同樣的書，持有同樣的成見，出入於同樣的
環境——一言以蔽之，他們創造和分享一種
共同的獨特的生活方式。」貝爾指出，這種

作爲階級體系之基礎的「家族資本主義」一
開始主要盛行在歐洲，而在美國這個殖民社
會中並沒有深厚的根基。不過，它在新英格
蘭和東海岸其他地方（特別是在像波士頓、
費城、紐約這樣的大城市中）的商業和製造
業群體中，卻逐步地站住了脚根。而南北戰
爭之後迅速的工業化更使它在全國範圍內擴
展開來，在食品、釀造、化工、出版、紡織、
金融等行業中大多數貝爾稱之爲「中等規
模」的產業基本上都是典型的家族企業。

　　但是，到了本世紀初，隨著由於投資不
足（或者用貝爾的話來說是由於投資線拉得
太長（over extended）），而來的美國工業
所遭遇的一系列危機，這個體系開始無可挽
回地走向瓦解。許多企業的控制權落入了銀
行家的手中，他們把這些企業改組成股份公
司，並聘用專業的管理人員對它們進行經營
管理。而後，在一系列因素的作用下（如這
些管理者強有力的個人才幹、羅斯福新政對
投資和金融市場的干預，以及公司自身利潤

的增長減輕了對金融市場的依賴等），公司
的管理者逐步擺脫了銀行家的控制而取得了
自身對公司的獨立的支配權。貝爾認為，這
是一個歷史性的轉變，是「靜悄悄的革
命」。

　　首先，它使財產的所有權和管理權分
離，並使所有權事實上成為一種「法律上的
虛構」：「公司可能是一個私人企業機構，
但它並不真是一個私有財產機構。（假如企
業的資產主要是靠管理人員的才能，而不是
靠機器或物品──在以科學為基礎的企業
裡，在通訊部門，以及在所謂的『知識行
業』裡，這是確鑿無疑的──那麼財產就是
次要的了。）如果所有權主要是一種法律上
的虛構，那麼就應當對它採取一種更為現實
的態度。人們可以把股東不作為『企業主』
而作為公司利潤中一定部分的合法債權人
──僅此而已。」

　　其次，那些掌握著公司的實際支配權的
管理者獲得管理職位所主要依靠的顯然不是

財產，而是專門知識，靠繼承而得的財產權
已不再是獲得和行使社會權力的決定性因
素，技術則越來越重要；而從社會總體看，
如今作爲獲得和行使社會權力的基礎的「是
技術，而不是財產，是政治職位，而不是財
富。」上述這種變化無疑會深刻地影響社會
的階級結構，一個最重要的後果就是，貝爾
認爲，在今天，馬克思意義上的「統治階
級」（ruling class）已經瓦解。①就在〈家
族資本主義的瓦解〉一文的最後，貝爾指
出：所謂「統治階級」是指具有公認確定的
共同利益、而且這種共同利益還具有繼續性
的一個掌握著權力的群體。在今天的社會
中，這樣的統治階級已經不再存在了，如今
只存在一個「上等階級」（uper class）和
一個「統治群體」（ruling group）。上等
階級享有某些特定的特權，並且可以把這種
特權傳給他們自己指定的繼承人；但是一個
人是上等階級的成員並不意味著他就是統治
群體中的成員，②因爲今天的統治並不以傳

統的財產權爲依憑，而是建基於別的準則如
專門技術、政治職位等；因此，今天的統治
群體必然地是一個各種類型的人的聯合體，
並且他們也不能像透過繼承那樣把他們所擁
有的權力傳遞給他們的後代或別的由他們所
指定的繼承人。

上面我們已經指出並且也已經看到，貝
爾關於階級狀況的分析出現在前後一系列著
述中。需要指出的是，如果僅從表述方式而
言，我們可以看到在他的不同著作之間存在
著一個表述上的矛盾。在最初發表於1976年
的一篇文章之中，貝爾否認「知識階層」
（knowledge stratum）是一個「新階級」
（new class），認爲「新階級」這個概念只
會導致混亂。「知識階層」囊括了各種不同
的職業者，如科學家、教師、藝術家、大衆
傳播工作者、社會服務工作者、管理者等等，
而這些職業又分布於諸如商業、政府、大學、
社會服務組織、軍隊等完全不同的部門；由
於部門是利益形成的基礎，因而知識階層不

可能構成一個階級。「被稱作『知識階層』的這個沒有定形的群體是否具有足以形成一個階級的利益上的共同性是令人懷疑的。」「如果說『新階級』這個概念眞的具有某種意義的話，那麼這種意義不可能從社會結構方面來理解，而必須從文化態度上來說明。它是一種精神（mentality），而不是一個階級。」而在《後工業社會的來臨》一書中，貝爾又明確指出：「正在興起中的新社會裡的主要階級首先是一個以知識而不是以財產爲基礎的專業階級」並且還詳細地描述了知識階級的各個方面。無庸諱言，這種表述上的矛盾是理論上的一個缺陷；不過，同時我們也應該承認，這種表述上的矛盾並沒有掩蓋貝爾對進入本世紀五〇年代之後的西方社會特別是美國的階級狀況所持的觀點的實質上的一致性，即認爲當代資本主義社會的階級結構已變得越來越分化殊異和複雜，馬克思意義上的那種明確、穩定的階級結構已不復存在。事實上，即使在《後工業社會的來

臨》中貝爾雖然使用了「知識階級」這個概念，他也還是指出：「這個階級以其內聚力或共同一致性的基礎而言，並沒有成為一個新的經濟利益階級或者爭奪權力的一個新的政治階級的內在理由。」

二、政治：美國的左翼、右翼和中間派③

　　如果說貝爾的階級分析主要源於他和馬克思之間的對話的話，那麼，他的政治分析則源於他對社會主義思想和運動的接觸和關注，這種接觸和關注給他留下了一個深刻的印象，即認識到社會主義不能夠對美國的政治生活產生重大影響。而這種認識又促使他進一步追問：「為什麼社會主義運動作為一種有組織的政治力量不能夠像英國工黨適應英國的政治生活那樣適應美國生活的特定狀況？」由這一問題出發，透過對美國的左、

中、右三種政治傾向和力量的考察分析，貝
爾展示提出了他的政治分析或者說他的政治
社會學的一系列命題，如「意識形態在實用
主義面前的失敗」、「階級政治的衰退和地
位政治的上升」、「美國政黨相對於更具意
識形態傾向的歐洲政黨的特殊性」等等。

㈠美國的左翼

　　二十世紀以來，美國有組織的社會主義
運動主要體現在三股力量之中，即：社會
黨、共產黨和工會運動，但它們最終都沒能
使自己成為除民主黨和共和黨之外的可供選
擇的制度化的政治力量。三〇年代是社會黨
最為活躍的時期，美國的許多城市中都有它
組織的活動，但是即使在那時，它也從未有
一人當選為國會參議員或某個州的州長；二
次世界大戰結束以後，它的選民支持率便開
始驟降，此後它如果還有什麼影響的話，也
都是透過加入工會、民主黨的自由派以及公

共服務機構等而產生。至於共產黨和工會運動，在貝爾看來它們代表了組織戰略和成就上對立的兩極。共產黨成立於第一次世界大戰結束之後，它傾向於在傳統的選舉政治之外來展開它的活動，是蘇聯的同盟者，或多或少地謀求著蘇聯的利益；它最成功的時候是在共產主義和資本主義兩個陣營結成了反法西斯同盟的二次世界大戰時期，但即使在那時，它的主要活動也都只是透過旨在促進與蘇聯的和平或友誼的前線組織而進行的。工會運動在貝爾看來是上述美國三股主要的左翼力量中在建立自己的組織力量方面最為成功的一支，它組織發動了占全美雇員百分之三十的成員；但是，它之所以取得這一成就卻是以把自己和政治相分離為前提的。事實上，自本世紀一開始，美國的工會即已從政治上脫離了社會主義陣營，它從未像歐洲勞工運動那樣主張並努力作為一個政黨組織來參與國家的政治事務，因此，它雖然是一支可觀的組織力量，但卻並不是直接角逐於

政治舞台的舉足輕重的政治組織。

　　社會主義在美國何以不能造成像在歐洲那樣的聲勢？這一問題早已引起了學者們和其他有關人士的關注。傳統的解釋都集中於美國產業工人生活的特殊情形上。如桑巴特（W. Sombart）在其1906年出版的《爲什麼美國沒有社會主義？》一書中提出了「物質替代」和「價值替代」之說。所謂物質替代就是美國工人比歐洲工人收入高、生活好，從而失去了窮則思變的動力，後人稱之爲關於美國社會主義運動困境的「烤牛肉和蘋果餡餅」理論；所謂價值替代簡單地說就是在機會相對均等的條件之下，美國工人比歐洲工人更傾向於競爭中的公平，而不是「反競爭的」平均主義（在桑巴特看來社會主義就是如此）；不過桑巴特本人在該書中主要強調了物質替代。另一位學者伯爾曼（S. Perlman）則指出，美國工人缺乏階級意識，而缺乏階級意識的原因在於頻繁的社會流動。而凱瑟靈（C. Keyserling）認爲，

社會主義之所以不能在美國紮根，一個重要
的原因在於在美國特定的歷史和文化中形成
的平等主義成了它的替用品，十九世紀末許
多德國的社會主義者一到美國就改變信念便
是對此的一個很好證明。還有人指出，美國
的兩黨體制基本上是區域性組織而非功能性
組織（functional organization），強調的
是利益庇護，重視的是機會，而在政治辭令
上則質樸無文；作爲利益導向的政治集團，
重視的是實際操作中的必要妥協而不是堅守
始終不渝的原則。而所有這些解釋，貝爾認
爲，最終實際上都可歸結到一個觀點，即物
質上的富裕消磨了工人的政治熱情、信念和
意志。借用桑巴特的那句感嘆之言，就是：
「無論什麼類型的社會主義烏托邦，一旦觸
到了烤牛肉和蘋果餅的暗礁，都免不了覆亡
的命運。」但是貝爾認爲，對於社會主義運
動之所以失敗的解釋還是應該從美國社會主
義運動自身的特點中來尋求。

　　實事求是地說，貝爾事實上並沒有完全

否定或者說拋棄上述這些解釋，但他確實又把它們納入了一個獨特的、和美國社會主義運動自身特點相關連的分析框架之中。貝爾認為，在最廣泛的意義上，社會是一個分配報酬和特權、分派義務與職責的組織系統。在這架構中，倫理所處理的是分配上的「應該」，隱含著一種關於公平的理論；政治則是分配的具體「方式」，牽涉到決定著特權分配的有組織群體之間的權力鬥爭。因而在現實社會行動中，就必須解決那無可迴避的、存在於倫理理想和現實政治之間的緊張衝突，否則，行動就難於取得成功。在此，貝爾借取了馬克斯・韋伯關於「責任倫理」(ethic of responsibility) 和「動機倫理」(ethic of conscience) 的觀點。責任倫理是一種在現實衝突面前注重謀求調解妥協的、講求實效的觀點，而動機倫理則是屬於那些懷著純粹的、不可遏止的激情、絕對聽從信仰的召喚而不能接受無法妥協的「忠實信徒」的倫理。韋伯認為，在現實政治中，

應該採取責任倫理而不能接受無法妥協的
「忠實信徒」的倫理。韋伯認為，在現實政
治中，應該採取責任倫理而不是動機倫理，
他說：「對我來說，事情並非顯得那麼不可
解決，如果我們不是那樣非此即彼地問誰在
道德上正確，誰在道德上錯誤，而是問：在
既定的衝突面前，我怎樣才能解決它而同時
又使該衝突所牽涉到的各方所蒙的危險最
小。」

　　但是，貝爾指出，美國的具有政治意識
形態傾向的社會主義運動之所以未能成功，
就在於它糾纏於責任倫理和動機倫理之間的
衝突，或者，用貝爾自己的話來說，糾纏於
倫理和政治之間的兩難困境而無法解決。社
會主義運動的倫理包含著對資本主義社會及
其制度的一種全盤性的批判和一種烏托邦的
承諾——承諾要建立一個在分配、地位和權
力上人人平等的未來社會，來取代現有的這
個不公平的資本主義社會。而這種運動的政
治則又必須在現有社會中來展開。於是，它

就不可避免的面臨著一系列的抉擇：要不要參與現有的資本主義政治體制？是接受改良性的、一點一點的、局部的進展，還是堅持不懈於總體革命的最終勝利？是與其他進步力量結成聯盟以獲得更廣泛的支持，還是堅持孤軍奮戰以確保自身隊伍的絕對純潔性？由於美國的社會主義運動從總體上始終沒能解決這一基本的矛盾，也就沒能擺脫困境。貝爾說：「社會主義運動，就其所表達的目標而言，就其從總體上拒絕資本主義秩序而言，它無法使自己適應在當下這個現買現賣、公平交易的政治世界中的社會行動的特定問題。簡而言之，它陷於一個令人尷尬的難題之中：既要生活於立足於這個世界，又不認同不接受這個世界……。是接受資本主義社會、同時謀求從內部來改變它，就像工人運動那樣，還是像共產主義者那樣成為這個社會的不共戴天的敵人？對於這個基本的問題，它從未能夠真正解決，而只是騎牆觀望。宗教運動可以分離它的忠誠從而（就像

路德教派）既生活在這個世界又不認同這個
世界（畢竟，宗教所關心的不是此生而是來
生）；但是政治運動卻無法做到。」

貝爾接著具體地分析了社會黨、共產黨
和工會運動分別在這個兩難困境面前的表
現。他首先肯定，作為政治運動，社會主義
運動所必須認識到的政治現實是：對於工人
而言，他們所最關心的並不是什麼社會主義
烏托邦，而是提高他們切身的物質生活狀
況。因此，就社會黨認識到了這一點，並且
也確實提出過一些旨在提高工人的物質生活
的改革建議而言，它是「立足於這個世界」
的；但是，就其拒絕接受這種改革若真要取
得成效則必須於其中發生的既有政治體制的
現實而言，它又是拒斥、脫離於這個世界的。
在兩次世界大戰期間，社會黨都不恰當地採
取了消極的和平主義、孤立主義的立場；在
經濟大蕭條時期，它又拒絕支持羅斯福的新
政從而大大地失去了面臨著失業、飢餓等困
境的工人的支持；它長期地陷於自身內部那

持續不斷的派系和意識形態爭鬥，而不去謀
求切切實實的權力。貝爾認為，事實上，早
在第一次世界大戰期間，當社會黨沒有支持
美國參戰時，「美國社會主義的後盾便破裂
虧空了。」

　　和社會黨不同，貝爾認為，共產黨的姿
態可以說是既不立足於也不認同於這個世
界。它所面臨的困難在於既要堅持這種姿態
同時又要改造這個世界。最終它只好使自己
疏離這個世界，成為一個秘密會社，和資產
階級體制處於一種疏遠的、敵對的關係之
中。在二次世界大戰期間，借助於它的前線
組織的活動，它確實既避免了參與資產階級
的政治體制也動員了一定的社會力量。但
是，貝爾指出，從總體上看，共產黨的這一
政治戰略同樣註定是要失敗的：由於和這個
世界相疏離，它便顯得像個和美國生活格格
不入的異類，一個畸零者，從而它不僅不能
得到普通大眾的理解支持，而且還很容易被
人指責為從事於非美活動（unAmerican

activity）而成為被攻擊排擠的目標。事實上，美國的共產主義力量也確實很輕易地便被壓制了，從沒有得到過發展壯大的機會。

提起工人運動，特別是美國勞工聯合會（AFL）的活動，在貝爾看來是最為成功的，這是因為它懂得既立足於這個世界又認同於這個世界。勞聯會的創立者古潑斯（Gompers）成功地把工會運動的活動限制在爭取工人的工資待遇上，並且取得了令人滿意的成就。以前，同一行業內相互競爭的各個企業為了爭取競爭優勢都會千方百計地壓低工人的工資，但是勞聯卻透過談判交涉等而確立了適用於整個行業的最低工資線，並規定，在此基礎上每個企業的工人的工資隨該企業利潤的提高而相對提高。這一作法對於提高工人的物質利益無疑是有利的，因而受到工人的普遍支持，同時由於它也使得工資不再成為企業之間競爭的一個籌碼，因而也為資方所接受。這樣，勞聯似乎成功地解決了貝爾上面所說的那個兩難困境，但

是，這種所謂的解決其實只是一種擺脫，因為它是透過放棄倫理以遷就現實而達到的。其實勞聯本身即是從美國工人運動中更具意識形態傾向的產業組織聯合會（CIO，其前身是世界產業工人協會）中分化出來的，因而一開始就代表了對工人運動之意識形態傾向的背棄，它先是擊敗了產聯，而後又將他吸收到自身中來。美國工人運動早就放棄了社會主義意識形態，它從沒有謀求過要從根本上改造現有的資本主義社會制度，無論是政治體制，還是工業企業的決策權、所有權的分配；不僅如此，由於如上所說勞聯的活動使得作為其成員的工人的工資可以隨企業利潤的增長而增長，因而工會在一定意義上還成了資方有著共同利益的同路人。從這一意義上講，工人運動，特別是勞聯的成功不但不能說表示著馬克思主義的社會主義勝利，相反地只顯示了它的失敗。

㈡美國的右翼

　　如果說，貝爾對於美國社會主義的考察
分析顯示了意識形態和極端立場在美國沒有
市場，社會行動若想取得廣泛支持就不能一
味迷醉於意識形態的烏托邦而應採取務實的
（如集中精力於提高工人的物質生活條件、
講究必要的妥協等）改革方案（在貝爾關於
倫理理想和現實政治的分析框架中，就是前
者應該向後者做必要的妥協），那麼，在五
〇年代的美國政治生活中出現麥卡錫主義這
一「激進的右翼」④勢力多多少少讓人感到
驚訝。麥卡錫主義這個名稱來源於美國參議
員、非美活動調查委員會主席麥卡錫（J.
McCarthy）。從哪個方面看，麥卡錫都是一
個典型的政治迫害狂，他把道德話語引入了
政治領域，主張要連根拔除在他看來正在削
弱著美國力量的「共產主義的邪惡」。而
他，居然無論把目光瞪向哪兒，就能在哪兒

發現共產主義分子；不過，他最為關注的則
是科學、文學、藝術等知識文化界的精英。
在旁觀者看來，麥卡錫及其支持者的這種姿
態確實是頗為奇怪的，因為在美國並不像在
義大利、法國這些國家那樣存在擁有了廣泛
群眾基礎的共產黨，美國共產黨的成員從來
沒有超出過十萬人，並且在戰後幾年中它原
先所具有的那一點政治影響也已失去了大
半；此外，更具共產主義意識形態色彩的工
會如產聯也已為勞聯所壓倒，進步黨在被亨
利‧華萊士（H. Wallace）拋棄後也已告失
敗，那麼，為什麼還要如此這般地如臨大敵
呢？貝爾也指出，雖然在五○年代共產黨在
麥卡錫所特別關注的知識文化界還具有一定
的、和它實際所擁有的成員不相稱的影響
力，蘇聯也正在變得越來越具有攻擊性，在
美國也確有敵對國特別是蘇聯的間諜和滲入
者的存在，但是，所有這一切依然不足以解
釋麥卡錫時代那種咄咄逼人的、鼓吹絕對效
忠國家的「美國主義」（Americanism）何

以會在美國這樣一個社會中得到許多人的接受和支持。

對麥卡錫的支持者的構成成分的考察爲貝爾理解麥卡錫主義的出現提供了線索。貝爾發現，麥卡錫的支持者主要包括以下幾種人，即：往日顯貴的沒落後代，他們懷昔傷今，悲嘆往日輝煌的消逝；地位不穩的「新富階層」，他們需要在心理上確證他們和其祖先一樣是靠自己而不是（如事實那樣）靠政府的支助才爭得財富，同時他們也害怕稅收會剝奪他們的財富；正在上升的種族中產階級，其中特別是德國人和愛爾蘭人，他們希望證明自己已經是徹頭徹尾的美國人，希望表明他們對美國的忠誠；最後還有一小群知識分子，他們大多是以前的共產主義者，現在則急轉向麥卡錫主義而朝自由主義發動總體性的攻擊。這些人看起來五花八門，全然不同，但卻組成了一個奇怪的聯盟。那麼，怎樣才能解釋這種奇怪的聯盟呢？貝爾認爲，美國政治中傳統的概念無法解釋。於是，

他從霍夫斯塔德（R. Hofstadter）以及李普塞那裡借用了「地位政治」（status politics）這一概念（前者主要用它來說明舊貴族的地位焦慮，後者主要用它來解釋新富階層的地位焦慮），換言之，麥卡錫主義代表了一種新的「地位政治」的出現。「地位政治這一概念的核心思想是，那些在財富和社會地位上正在上升的群體通常會和那些走向沒落的階層一樣產生焦慮和政治狂熱。許多觀察者已經注意到，那些正在失去他們的社會地位的群體常常會比以往更激烈地把他們曾經代表的那個社會的舊價值觀強加於所有群體。李普塞則證明，那些處於上升中的群體為了自身地位的被確認也會堅持同樣的立場，這種狀況通常發生在階級之間或經濟利益群體之間的衝突趨於緩和的繁榮時期。而霍夫斯塔德則進一步指出，在美國政治史中，只有在蕭條期經濟問題才顯得重要，在繁榮時期則出現『地位』問題。」戰後的五〇年代正是美國社會相對繁榮的時期，於是

地位問題就出現了。而麥卡錫主義則以一種「愛國的」、「道德主義」的姿態爲上述那些互不相同的「地位群體」以激烈的、極端的政治行爲表達其地位焦慮提供了意識形態的幌子。

除了貝爾自己對於麥卡錫支持者的考察分析，收錄在貝爾編輯的《美國的新右翼》（1955年初版，1963年更改書名爲《激進的右翼》）一書中的、由社會學家馬丁‧特羅（Martin Trow）所做的一項研究也可以佐證貝爾的上述論斷。該項研究把來自新英格蘭一個小城市的調查答案分成四種政治類型，以圖確定麥卡錫主義的社會基礎。這四種政治類型是：(1)工人自由主義者——擁護工會、敵視大企業的人；(2)19世紀自由主義者——反對工會、反對大企業的人；(3)溫和的保守主義者——支持工會、擁護大企業的人；(4)右翼保守主義者——敵視工會、擁護大企業的人。統計結果顯示，這四類人支持麥卡錫主義的百分比分別是37％、60％、35％

和38％，這表示，最可能支持麥卡錫主義的，
既不是溫和的保守主義者，也不是極端的保
守主義者，而是19世紀自由主義者。麥卡錫在
19世紀自由主義者中得到的支持幾乎是其他
每種支持的兩倍。而19世紀自由主義，特羅指
出，正是美國當時「在政壇上沒有制度化地
位，在大政黨中沒有代表或領導權的政治傳
統，它尋求透過麥卡錫得到發言權和地位。
而麥卡錫爲這種傳統的擁有者，表達了他們
對大型化，對出自城市的狡猾和起破壞作用
的觀念，以及對侵蝕老方式和老信念的大組
織機構的恐懼和懷疑。」

　　如果說，論斷麥卡錫支持者的那種奇怪
的聯合代表了一種新的地位政治的出現主要
是借用了霍夫斯塔德和李普塞的概念的話，
那麼，對於麥卡錫主義所採取的「道德主
義」（moralism）姿態的根源的剖析則是
貝爾的獨到之處。在一定意義上這也解釋了
麥卡錫主義之所以在一段時期內會獲得社會
響應而取得成功的一個原因。⑤貝爾認爲，

美國生活中的道德主義根源於植根在美國小
鎮中的新教中產階級的體面觀念（反對輕
佻、享樂、飲酒、放縱等）和新教福音派的
平等主義、反智主義之間的摩擦衝撞，這種
道德主義一直以來主要只作用於個人品行和
文化領域，對個人品行提出了嚴厲的要求，
為清潔文化規定了嚴格的檢查制度，但在政
治和經濟領域中則體現不出它的影響。而麥
卡錫主義，在貝爾看來，則正好表達了美國
小鎮和新教福音派力量試圖把政治道德化的
努力。最後，反共事實上只成了一個幌子和
口實，因為只要把共產主義說成等同於邪
惡，那麼，無論對手事實上是誰，無論真正
要反對的是什麼，只要給其貼上共產主義的
標籤，就能煽動支持者或者說盲從者的道德
狂熱，對方也就失去了任何抗爭的餘地。道
德奉行的是絕對與極端，是不講妥協的。

　　但是，道德和政治畢竟是兩個不同的領
域（所謂上帝的領域歸上帝，凱撒的領域歸
凱撒）。在專門討論麥卡錫主義問題的〈地

位政治和新焦慮〉一文的最後，貝爾指出，
共產主義即使眞的是對於民主社會的一個威
脅，那麼也只能藉由法律來解決，而不能像
麥卡錫主義那樣以道德主義的方式來對待。
把具體問題轉化成意識形態，賦予道德色
彩，夾帶進強烈的情緒，這樣做只會導致有
害於社會的衝突，而不會有其他結果。貝爾
引證埃德蒙・威爾遜（Edmund Wilson）描
述西奧多・羅斯福總統的政治態度的話說：
政治「是一項使自身適應於各種人和各種情
境的事務，是一種只有以接受某些規則和承
認對方的存在爲前提才能得分的遊戲，而不
是必須置對方於死地的道德討伐。」美國政
治具有務實的光榮傳統，它的風格特色是妥
協，貝爾斷言，麥卡錫主義只是一個插曲，
人們最終還是會喜歡接受那種「務實政
治」。確實，麥卡錫主義對美國社會和政治
的威脅到五〇年代後期就逐漸消失了；進入
六〇年代以後，雖然其他的極端右翼組織和
活動並未完全停止（貝爾就對六〇年代初極

右翼勢力的再度出現又做過分析論述，參見
《激進的右翼》1964年英文版，第1～45
頁。），「道德主義政治」也一現再現，但
是它們從未成為主流，從來沒有主導過美國
政治，因而，從總體上看，應該說貝爾的斷
言並沒有太錯。

(三)美國的中間派

如上所述，在貝爾看來，政治上的極端
主義，無論是左的還是右的，都是一種危險
的傾向，任何把具體問題轉化成意識形態的
作法最終都只會危害社會。美國政治的核心
是非意識形態化的中間派，換言之，「中
間」也是「中堅」，它在總體上主導著美國
政治，從而也決定著美國基本的政治形態。
貝爾不諱言，這不僅是一個事實，同時也是
一種價值取向。

貝爾把他對美國政治上中間力量的分析
納入了「美國例外論」（American ex-

ceptionalism）這一主題之下。「美國例外
論」是五〇年代在美國廣為流行、而在蘇聯
則遭到痛批的一種觀念，它認為美國在經
濟、政治、文化等各個方面和歐洲國家以及
世界上其他任何國家都完全不同，它是一個
特別優越的社會。貝爾則指出了他認為在政
治方面可以支持這種觀念的一個重要事實，
即美國社會是一個完完全全的公民社會
（civil society），它是從否棄舊的社會秩序
開始的，來自歐洲的各色移民構成了一個開
放的社會，在這個社會中每一個人都能夠自
由地、平等地投身於他個人的自我實現和發
展。美國社會從來沒有真正形成過自上而下
的嚴格的等級，從而也就避免了你死我活的
階級對抗之苦；美國的勞工鬥爭可能確實比
任何歐洲國家都時間長、次數多，而且更具
暴力色彩，但這些鬥爭不是馬克思、恩格斯
所理解的革命，因為其目的不是為了什麼爭
奪國家政權，而只是為了勞動的物質報酬，
主要是一種反對特殊公司的經濟鬥爭；在新

政時期，這些反對公司的鬥爭甚至得到國家
政府的支持。美國的國家政府也不像馬克思
所說的那樣是一個階級壓迫另一個階級的工
具，反而倒像是在其中進行各種利益的交
易、買賣、競爭、討價還價的一個政治交易
市場，在這個市場中，不同利益者在力求保
護和爭取自己的利益的同時共同遵守有最高
法院制定的法則。因此，貝爾認為，美國的
政治文化，就其注重利益上的討價還價而
言，是唯物主義的，而就其結合了個人主義
和平等主義的原則而言，是民粹主義的。

　　這種政治文化為非意識形態化的中間派
在美國政治生活中的主導地位奠定了基礎。
對於在美國的政治生活中起著核心作用的政
黨體制，貝爾一方面承認它的意識形態性
質，另一方面，他又指出，由於在美國每一
個主要政黨都代表了多種意識形態傾向和多
個社會階層或群體，而不是圍繞著某一種單
一的意識形態或建基在單一的階級之上，結
果便在事實上削弱了意識形態的力量和作

用，這是因為，代表不同傾向的各個派別若
想達到各自的目的，通常便只好相互妥協。
更為重要的是，貝爾指出，那些不同的派別
所代表的各個社會階層或群體本身是、進而
在政治傾向上也是彼此相互交錯的。如，作
為「階級」上的劃分的農民和金融投資者、
雇用工人和雇主之間的對立，就和作為「身
分群體」的劃分的小鎮傳統主義和都市現代
主義之間的對立相交錯。而這種交錯的群體
又因文化偏好的不同而進一步相互分化交
錯。比如，工會、southern plantoracy 和自
由知識分子一般都傾向與支持民主黨，但
是，就他們的文化激進主義而言，自由知識
分子和其他兩個群體又是全然不同的。由
此，貝爾認為，與其說美國的政黨是意識形
態的組織，還不如說是利益上的結盟聯合。
它們所代表和體現正是非意識形態化的中間
力量和立場。

　　透過上述對（主要是五〇年代之前的）
左、中、右三種政治傾向和力量的考察分析，

我們可以清楚地看出貝爾的結論：在美國這個具有個人主義、平等主義、自由主義和實用主義傳統的移民國度的政治生活中，執著於意識形態或道德主義立場的極端主義政治行為或運動（無論是左的還是右的），雖可能取悅部分人於一時從而得逞於一時，但從總體上看，是沒有根基和市場的。美國政治具有務實的傳統和妥協的風格，注重實際講究妥協的非意識形態化的中間力量是美國政治的中堅和主流。貝爾不諱言，這不僅僅是他眼中美國政治的基本現實，也是他這個早年曾是左派激進分子的「回頭浪子」的價值傾向。

三、意識形態的終結

貝爾對階級和政治的分析已隱含著意識形態在西方特別是美國的走向終結。不過，

正如我們在本章一開頭即已指出的，貝爾對
階級、政治和意識形態的分析考察雖相互關
連，但又各自獨立成題。換言之，意識形態
走向終結的論斷並非僅僅只是貝爾關於階級
和政治的論述的自然延伸的結論，相反地，
他對這一問題的論述有著不完全相同於前面
兩者的切入點和角度，因此還需對此做專門
的介紹，更何況「意識形態的終結」這一概
念已經和貝爾這個名字如此緊密地聯繫在了
一起。不過，在介紹貝爾關於意識形態終結
的論述之前，在此我們不妨先來看一下這個
論題的由來。

㈠論題的由來

當 德 斯 圖 特‧德‧崔 西（Destutt　de
Tracy）在十八世紀末創造「意識形態」這
個詞時，其含義僅僅指與「形而上學」相對
的關於思想的科學。但是馬克思主義經典作
家對這一術語的使用卻賦予了它重要的理論

意義。在《德意志意識形態》和其他著作中，意識形態主要是指由統治階級的思想霸權（或者說精神生產的霸權）所造成的對現實的本質性的錯誤理解，實際上可與虛假意識交替使用。它所表示的是對世界的思考方式和對行為的解釋，而這些方式和解釋的根本錯誤就在於，它們沒有考慮到最基本的物質環境及其制約性。但是，馬克思主義經典作家又指出，除非構成所有意識形態的物質利益「對於這些人來說註定是一無所知的」，否則「將出現所有意識形態的終結。」換言之，只要真實的意識存在，只要人們意識到其真正的利益及其制約性，意識形態，即對錯誤意識的詳盡闡釋便會消失，而這裡的關鍵就在於要廢除統治階級及其思想霸權對於民眾的壓抑。由此，我們可以說，馬克思主義經典作家不僅最早地賦予了意識形態這一術語以重要的理論意義，而且也最早地論及了意識形態的終結這一問題。

　　另一位較早涉及到這一問題的思想家便

是韋伯，當他論述到近代以來在社會現代化
過程中從強調「實質理性」（或稱「價值理
性」）以求實現最高價值到強調「功能理
性」（或稱「工具理性」）即注重實現目標
的有效手段的轉變時，事實上便已預示著現
代社會中意識形態的整體衰落是社會內部時
代轉換的必然結果。在現代社會，信仰的世
界遭到了理性的「除魅」。在具體談到當代
政治時，韋伯堅持認爲，意識形態的模糊不
清，乃是政黨在有普選權條件下運作所固有
的現象。在1906年就德國社會民主黨問題致
羅伯特・米歇爾斯的一封信中，韋伯預言，
雖然這個黨仍然有些喜歡絕對的教條，但它
接受政治民主邏輯這一事實，將導致其意識
形態信仰的衰落，而有利於採取一種較爲實
用的立場。

　　如果說馬克思、恩格斯和韋伯是論及意
識形態終結這一問題的先驅的話，那麼，卡
爾・曼海姆則是第一個系統而明確地論述意
識形態的終結或衰亡的學者。在本世紀二十

年代末，曼海姆在其任職的法蘭克福社會研究所完成了他那本探討意識形態問題並開創了這門學問的著作：《意識形態和烏托邦》⑥。在這本書中，他詳述了產生「意識形態衰落」和「烏托邦的消失」的狀況，指出完整的理論正在被分化爲部分的務實學說。曼海姆分析的邏輯基礎事實上重新論證了韋伯的觀點：在科層化的工業社會必然會發生從實質理性到功能理性的轉化。不過曼海姆同時又強調了政治的邏輯削弱意識形態上的承諾的方式。在前面，我們曾經提到，馬克思主義經典作家曾設想在廢除了對民眾的壓抑以後，意識形態便會逐漸消亡；而曼海姆則認爲，這種變化即使沒有社會主義的勝利也會發生。他預料一個社會若能發展到較爲優越的工業化結構，從而具有一定的彈性並能在一定程度上使社會低層的人們生活得好一點，那麼，因欲望得不到滿足而謀求共產主義和社會主義的社會下層階級的衝動便會逐步削弱。而不管這種較爲優越的工業化的社

會組織形式是透過給下層人民一些權力從而能充分保障其相對較好的生活水準的資本主義社會，還是這種資本主義首先轉變爲共產主義，在這一點上，兩者並無區別。曼海姆還指出，政治領域中的這種發展必然和精神生活的形式並行不悖，知識階層也將日益失去其意識形態因素和烏托邦的衝動。

　　曼海姆在1929年所注意到的社會趨勢在二次世界大戰結束以後的西方社會逐步地變成了現實，在宗敎、經濟及政治方面，人們不再相信各種「實質理性」具有超凡的魅力，社會思想的正統和政治力量越來越多地表現世俗性的「功能理性」上，例如有效地維持社會秩序或利益集團的利益表達。可以說，在一定程度上，正是這種社會傾向引發了貝爾最終也參與其中的關於意識形態終結的爭論。首先是阿爾伯特‧坎馬斯（Albert Camus）於1946年在巴黎的左派日報《戰鬥報》上撰文，從社會主義者這方面對馬克思主義所採取的新姿態分析出當今時代標誌著

意識形態的終結。1949年，英國社會學家、社會主義者馬歇爾（T. H. Marshall）的《公民權和社會階級》進一步解釋了整個意識形態的興衰。他認爲，意識形態是隨著新階層（如資產階級、工人階級，他們爲公民權即完全參與社會事務和政治事務的權利而奮鬥）的崛起而初露端倪的，一旦他們被剝奪了這些權利，其相當一部分人便會贊同革命思想或不切實際的社會改良計畫。相反，爲了繼續保持原有的壟斷權和地位，舊階層和舊勢力就變得更爲保守。從這個角度看，民主國家中意識形態衰弱的根源在於這些團體最終與社會和政體的融合。另一位英國學者、著名的自由主義思想家以撒·柏林（Isaiah Berlin）則在1950年的一篇回顧二十世紀政治思想發展的論文〈二十世紀的政治思想〉中指出，戰後世界普遍接受透過國家活動來消除衝突和苦難的政策，這產生了一種秩序，這種秩序的發展趨勢導致了從強調政治原則的糾紛（從強調在道德和精神觀

念上確有差異的政黨之間的爭鬥）轉向強調
手段（最終是技術手段）的不同。因此，人
們在密切關注當前日常經濟問題和社會問題
的同時，對長遠的政治問題則日趨冷淡。

　　1955年9月，「爭取文化自由委員會」
（Congress for Culture Freedom）在義大
利的米蘭召開關於「自由的未來」的全球知
識分子代表會議，參加這次會議的有來自許
多西方國家的150名知識分子和政治家，其中
包括了從社會主義者到右翼保守主義者的各
種不同意見者，如希爾斯（E. Shils）、普蘭
尼（K. Polanyi）、鄂蘭（H. Arendt）、克
勞斯蘭德（A. Crosland）、克勞斯曼（R.
Crossman）、蓋次克爾（H. Gaitskell）、
貝羅夫（M. Beloff）、胡克（S. Hook）、
柏拉美內茲（J. Plamenetz）、加爾布雷思
（J. K. Galbraith）、克拉克（C. Clark）、
李普塞以及貝爾等人。⑦在這次會議上，法
國著名思想家雷蒙‧阿宏（Raymond
Aron）應邀做了題爲「西方意識形態和經

濟方法之區別」的主題報告，該報告和前一
年阿宏爲阿多諾在法蘭克福主編的《社會
學》寫下的〈意識形態時代的終結？〉一文
引起了普遍的關注和強烈迴響。阿宏在報告
和論文中分析了現代社會中的三種主要的意
識形態，即民族主義、自由主義和馬克思主
義的社會主義。民族主義正在弱化，這是因
爲，隨著經濟上和軍事上相互依賴的加深，
民族國家正在弱化，也因爲帝國主義性質的
而非民族主義性質的超級大國的出現。自由
主義正在走向失敗，因爲它不能提供共同體
的意識。同時，阿宏認爲，馬克思主義的社
會主義，這最後一個大意識形態，也正在走
向失敗，因爲它是虛假不眞的，它名義上雖
被認爲是無產階級的意識形態，事實上卻是
資產階級知識分子在他們反對貴族統治的最
後戰鬥中的一個武器：人們可以看到，在那
些 國 家 社 會 主 義 的 社 會 (state-socialist
socities) 中，普通的工人仍然受著資產階級
統治精英的壓迫和剝削。總而言之，阿宏認

為，在當代社會，意識形態的社會結構基礎
業已消失。

如果說，阿宏的觀點代表了傳統上相對
持保守立場的知識分子對意識形態終結這一
問題的看法的話，那麼，1956年法蘭克福研究
所出版的集體合寫的著作《社會學面面觀》
則可以說反應了傳統上的左派知識分子對這
一問題的看法。在這一著作中，作者們同樣
提醒人們注意，約在1910年左右達到其頂峰
的意識形態正在走向衰弱。所不同的只是，
許多左翼思想家多少是抱著一絲惋惜之情來
談論意識形態的社會動員能力的日漸消失，
而阿宏則由衷地歡迎這個時代的到來。

正是在這樣的背景之下，貝爾出來發表
他自己對意識形態終結的看法。

㈡貝爾的觀點

貝爾為意識形態的終結或者說耗竭的論
辯提出了兩個方面的觀點，一是理論上的，

一是經驗性的。理論上的觀點主要是在後來補充的，集中於考察馬克思主義意識形態，認為馬克思主義作為一種信仰體系業已走向瓦解，這是因為它作為一種關於觀念的社會決定的理論已經失敗。貝爾關於意識形態終結的論述所產生的影響主要來自他的經驗性考察和分析。貝爾把意識形態看作是一種世俗宗教，「是一整套夾帶著激情」的、「謀求變革總體生活方式的觀念」。（貝爾後來在〈意識形態的誤讀〉（“The Misreading of Ideology”）一文中又為意識形態下過一個更為周密的定義，認為意識形態是一種「思想動員，它將人們投入行動，並透過某種目的論或標準尺度來為這種思想的正當性辯護。」）他指出，意識形態在把思想觀念轉化為社會手段上發揮著重要功能，而它發揮這種功能的方式主要是借助於激情的灌注，借助於它那種釋放人類情感、並把他們的能量導向政治行動的能力，就像宗教把信徒的情感能量導向儀式活動和藝術表現一

樣。不過，貝爾又指出，與意識形態相較，
宗教的效用更大，它可以幫助人們應付人類
生存中那個最根本的、無可迴避的問題，即
死亡問題。「只要人們能夠相信，真正地相
信，存在天國和地獄，那麼，對於死亡的恐
懼就會在某種程度上得到撫慰和控制；而如
果沒有這樣的信念，那麼就只有面臨自我的
徹底消滅。」但是隨著十九世紀的世俗化進
程，傳統的宗教信仰瓦解了，這造成了人們
心靈上的真空狀態。在一定意義上，意識形
態透過強調集體共同事業和勝利的縣延不絕
性以對抗和克服個體的必死性從而一定程度
地填補了這一真空狀態，因此，意識形態是
宗教的可憐的替用品，而「教派和教堂則變
成了黨派和社會運動。」

　　在指出意識形態乃宗教的替代品後，貝
爾進一步又指出，十九世紀的這種意識形態
又由於和兩股重要力量的結合而得到了強
化：一是和正在上升的、謀求著在社會中確
立其地位的知識分子階層的結合；一是和當

時正顯示出來的科學的積極價值的結合。特別是前者，貝爾認爲更爲重要。⑧

但是，「在今天，」貝爾指出，「這些意識形態已經耗竭了。」導致這一變化的原因複雜而多樣。從社會的現實背景看，促使意識形態走向終結的原因來自正反兩個方面：一方面是出現在社會主義世界中的各種陰暗的、災難性的現象和事件，另一方面是資本主義世界中所進行的社會經濟改革和福利國家的出現。從思想上看，導致意識形態烏托邦失去炫目光彩的是一些新的、從斯多葛神學式的（stoic-theological）立場來看待人性、強調人性的侷限、缺陷和脆弱的哲學（如佛洛伊德、田立克、雅斯培等人的思想）取代了那種簡單化的、理性主義的、強調人的本性的完善性的浪漫哲學。貝爾承認，說意識形態已經耗竭並不是說意識形態（如法國和義大利的共產主義）已完全消失了政治影響，或徹底失去了其力量的源泉，但是，他又指出，在今天這個歷史時期中，

呈現在人們面前的一個顯而易見的事實是，
對於激進的知識分子（他們曾是各種意識形
態的實際承載者）而言，舊的意識形態已經
失去了它們的「真確性」，進而也就失去了
它們的感召力。今天，「很少有哪個嚴肅認
真的頭腦還會繼續相信人們可以規劃出一個
『藍圖』並進而透過『社會工程』而實現一
個新的和諧社會的烏托邦。與此同時，過去
那些『對立的信念』也同樣已在知識分子中
失去了市場。今天，很少有『經典的』自由
主義者還堅持認為國家不應在經濟事務中發
揮任何作用，也沒有多少嚴肅認真的保守主
義者（至少在英國和歐洲大陸）還繼續相信
福利國家是『通向奴役之路』。因此，在今
日的西方世界，在知識分子中間關於政治問
題存在著一種粗略的共識：對福利國家的接
受，對分權的期望，對混合經濟體制和政治
多元化體制的肯定。就此而言，意識形態的
年代也已經終結了。」

　　貝爾關於意識形態終結的觀點即如上

述。應該指出，對於貝爾（以及其他一些持相同或類似觀點的學者如李普塞、雷蒙·阿宏等）的這種觀點，許多學者持有不同的意見，他們從各種不同的立場和角度對貝爾的觀點提出質疑和批評。但貝爾始終堅持他自己的基本立場，而對於那些質疑和批評，他在1988年新版《意識形態的終結》的後記中把它們分為五類，並逐一做了回答。

第一種批評意見認為，意識形態終結論是對於現狀的一種維護，它藉口不需要對資本主義進行反抗而否定了反抗的可能性，因此，意識形態終結論本身就是一種維護既有資本主義現狀的意識形態。對於這種批評，貝爾的回答是，並沒有什麼作為統一整體的現狀，並不存在整體性的堅如磐石的資本主義。事實上，他一直努力尋求為之辯護的是民主社會主義，他反對資本主義的許多具體方面。

第二種批評意見認為，意識形態終結論事實上是企圖以專家統治來取消政治辯論。

對此，貝爾指出，他本人一直在提倡一種高
水準的政治辯論。

　　第三種批評意見認爲意識形態終結論否
定了道德話語的可能性。對此，貝爾的回答
是，他本人對當代世俗道德之貧乏空虛的批
評是眾所周知的，這一點，只要看過他的
《資本主義文化矛盾》的人就不會沒有印
象；上述這種批評混淆了道德話語和意識形
態話語的區別，而事實上，這兩者是顯然不
同的。

　　還有一種意見認爲意識形態終結論是冷
戰的工具。對這種批評，貝爾表示無法理解，
他認爲這完全是不合邏輯的。

　　第五種，也是最後一種批評意見是，意
識形態的終結作爲一種預言沒有得到未來發
展的證實，他們認爲，第三世界中意識形態
的方興未艾和六〇年代出現的學生激進主義
都說明了這一點。對於這種批評，貝爾的回
答是：首先，第三世界的情況和他關於意識
形態終結的論斷扯不上關係，因爲他的那篇

討論意識形態終結的跋語的標題已明確指出他所說的是「意識形態在西方的終結」，事實上在那篇跋語中對於第三世界中民族主義意識形態的勃興他還做了專門的評斷；其次，至於六〇年代出現的以青年知識分子和學生爲主體的激進主義運動，貝爾認爲，它並非意識形態運動，而是一種主要是針對像越戰這樣的具體問題的道德化的運動，它沒有一種連貫一致的政治哲學，雖然有一個大體統一的主題即所謂「解放」，但它沒有構成一種黨派事業，也沒有徹底重組經濟和社會的計畫。

可以看出，上述五點批評意見和貝爾的反批評事實上都直接間接地關連到一個問題，即所謂「意識形態的終結」究竟係何指，換言之，究竟應該怎樣理解「意識形態的終結」。正如李普塞所指出的：「大體上說，關於意識形態終結分析是否正確的激烈論爭，是圍繞『意識形態』一詞的不同含義展開的。」許多批評者似乎都在不經意間把

「意識形態的終結」等同於所有政治鬥爭和
辯論、所有烏托邦的終結，甚至等同於所有
對現狀的可能的不滿與抗議以及所有對美好
社會的憧憬和理想的終結。事實上這是對
「意識形態終結」的一種誤解。對此，貝爾
和與他在這一問題上相互引爲同道的雷蒙・
阿宏、希爾斯、李普塞等的觀點是一致的。
就在〈意識形態時代的終結？〉一文的結
尾，雷蒙・阿宏就明確否認人們對社會改革
和變化的信仰在衰落，他說：「當一個人不
相信異教徒或猶太教徒，不再念叨『教堂之
外無拯救』時，他並沒有停止愛上帝。同樣，
當一個人拒絕認同單一一個階級、單一一種
行動程式和單一一種意識形態體系時，他難
道會停止對公正社會和人類美好命運的追求
嗎？」十年以後，在〈意識形態終結和理想
復興〉一文中他又重申他從未預期改革社會
的政治前景或努力會終結，而只是說絕對的
或一統制的意識形態在西方的吸引力在衰
退。同樣，希爾斯在1972年出版的《知識分子

與權力及其他論文集》中，也指出，他和其
他意識形態終結論的支持者從未說過理想、
道德標準、一般的或綜合的社會觀點和政策
在人類社會已無關緊要，或者已不再講得
通。他還認爲，社會的存在不可能沒有那種
認識的、道德的和表現的文化；眞、善、美
的標準是人類行爲結構固有的；每個有文化
的社會，都向人、社會，以及道德和先驗的
主張、審美判斷和科學知識所在的世界展示
一系列複雜的取向，這些取向來自對社會的
看法和準看法，而看法準看法絕不可能終
結。關於意識形態終結之爭論的產生，原因
就在於不能區分這些看法與準看法和意識形
態。至於貝爾自己，就在那篇論述意識形態
終結的跋語中，他就指出，意識形態衰落了，
但是作爲曾是意識形態的主要承載者的知識
分子特別是年輕一代知識分子的憂患意識和
理想激情不會消失。他說：「新一代（知識
分子）……發現自己是在一個拒斥——理智
地說——基督千年盛世古老夢想的政治社會

框架內尋找新的目標。在尋找『目標』時，
表現出一種深深絕望的、幾乎是悲壯的憤
怒。……在美國，存在著一種對某種新的知
識分子的激進主義的不間斷的追求。」「意
識形態的終結不是、也不應是烏托邦的終
結。」而明確了這一點，上述貝爾對於那些
批評意見的反駁也就不難理解了。

　　總之，正如李普塞在駁斥認為意識形態
終結論作為一種預言或假設沒有得到證實以
及認為意識形態終結論本身就是一種意識形
態的批評時所恰當總結的那樣：「阿宏、希
爾斯、貝爾和我……在討論意識形態『終
結』或『衰落』時……從來沒有說過一統制
政治概念體系的終結，烏托邦思想的終結，
階級衝突的終結，以及它們與不同階級或其
他政治利益集團之代表所擁護的政治立場的
相互關係的終結。相反地，我們當時指的是
這樣一種判斷：一統制革命信條與工人階級
反體制鬥爭運動的狂熱感情聯繫──以及由
此而產生的工人運動反對者與反革命信條的

聯繫——正在衰落；……意識形態不是一個
一望而知其涵義的術語，我們的某些激進主
義批評家似乎認爲它是指任何種類的政治思
想。」

註釋

①值得指出的是,在《資本論》第三卷中,馬克思
其實早已敏銳地覺察到了在資本主義社會中所
出現的、與貝爾上面所分析的相類似的一些新
的變化,包括:第一、新的銀行制度的出現使得
資本積累不再依靠資本家個人的積累來自我籌
集資金,而是依靠全社會的儲蓄;第二、股份公
司所造成的革命使得所有權與管理權相分離並
產生了一個新類型的職業,即「產業經理」;
第三、銀行制度和信用制度的擴大以及股份公
司的發展所導致的辦公室人員和白領工人的擴
大。只是馬克思並不像貝爾那樣認為這些變化
會從根本上改變資本主義社會的階級結構。在
《後工業社會的來臨》中貝爾也看到了馬克思
對於這些變化的覺察,並將其看成是馬克思關
於資本主義社會發展的第二個圖式。

②在《工業社會中的階級和階級衝突》一書中,
德國社會學家達倫道夫 (Ralf Dahrendorf)

也表達了類似的看法，認為「在後資本主義社
會中，工業的統治階級和被統治階級以及政治
社會的統治階級和被統治階級不再是等同的
了；換句話說，原則上有了兩個獨立的鬥爭戰
線。在企業之外，經理可能只是一個公民，而工
會會員卻是一名國會議員；他們的勞資階級地
位不再決定他們在政治社會中的權威地位。」

③本節主要敍述貝爾對美國傳統的政治風格的考
察，至於美國政治形態、「國家與社會的關係」
在「後工業社會來臨」的條件之下所發生的變
化，可見第三章第三節、第四節。

④「激進的右翼」這一名稱來自著名政治社會學
家西摩・馬丁・李普塞（S. M. Lipset），之所
以說它是「激進的」是因為它反對傳統的保守
主義，反對傳統對於個人權利的尊重，同時鼓吹
要給美國的生活更換一種新的模式。

⑤麥卡錫自己因向艾森豪總統挑戰而身敗名裂，
因為共和黨不想因支持他挑戰一位共和黨的總
統而導致黨的分裂。但是就麥卡錫主義在當時
獲得了許多人的響應並且改變了美國的政治特

徵（特別是把道德問題引入了政治爭端）而
言，卻不能不說是一種成功。

⑥在該書中，曼海姆對意識形態和烏托邦做了區
分。意識形態意味著「在一定的環境中某些集
團的集體潛意識使這個集團和其他集團無法看
清社會的真正狀況，從而對它鞏固作用。」相
反地，烏托邦思想反應著被壓迫集團爭取變革
的鬥爭，所以它只看到「環境中那些有助於否
定這一環境的因素。」因此，烏托邦思想不能正
確地分析目前的環境，它只是把握住了環境中
的否定因素。曼海姆舉出再浸禮派狂熱的千年
至福說、自由派的博愛主義和共產黨的社會主
義，作為烏托邦思想的例證；它們都是由同現
實的既定狀態「不能調和的」觀念形成的。不
過，曼海姆同樣也注意到了區別烏托邦行動方
式和意識形態行動方式的困難，認為「優勢階
級」（ascendant classes）的烏托邦中常常混
雜著意識形態因素。如資產階級的世界觀中蘊
涵著人類自由的烏托邦理想，而從資產階級自
由在歷史上實現了這個意義上說，它又具有意

識形態的性質。結果，對烏托邦和意識形態的區
分只能事後再做，即在看到了這種思想是否在
歷史中實現了以後才能確定。

⑦在此會上，貝爾沒有提到意識形態終結的問題，
而是提交了一篇論述美國大衆社會的論文。該
文後來收錄於《意識形態的終結》一書。

⑧貝爾對知識分子（intellectual）以及學者
（scholar）做了區分。學者有一固定的知識領
域，一種傳統，他在這一領域和傳統中確定自己
的位置。作爲學者，一般較少「自我」投入。與
此相反，知識分子則往往從他自身的經驗、他個
人對世界的感知、他的特權和喪失出發，並根據
這一切來判斷世界。由於其自身的地位是至關
重要的，因而他對社會的評判也就是他自身的
處境。在商業文明中，知識分子感到錯誤的價值
不適當地得到了尊崇，因而他們拒斥這個社會。
這樣，知識分子就有一種投身於政治的內在驅
力。因此，出現於十九世紀的意識形態就自然地
從知識分子那裡獲得了力量。

第四章
後工業社會

　　如上一章所述，在《意識形態的終結》
一書中，貝爾指出了知識階層的興起，分析
了務實政治，論斷了政治意識形態的終結；
如果我們對貝爾的這些考察分析再稍做一點
分析考察，即可看到，在它們的背後，隱約
地或潛在地包含著一種共同的東西，那就是
具有韋伯所說的工具理性特徵的技術性決策
在社會中的作用的強化，而這正是貝爾「後
工業社會」思想的出發點。在《後工業社會
的來臨》的〈導論〉中，貝爾自己明確指
出，他關於「後工業社會」的思想的出發
點：「就是包含在我《意識形態的終結》一
書中的主題——技術性決策在社會上的作
用。事實上，技術性決策的方法可以看作是
意識形態的對立物：前者是計算性的、工具
性的，而後者則是感性的、表現性的。」因
此，如果說「意識形態的終結」是第一個和
貝爾緊密聯繫在一起的「大觀念」（big
idea），那麼「後工業社會」是第二個與他
的名字緊密相連而又引起學界廣泛迴響的

第四章　後工業社會 ●
107

「大觀念」，那麼，這兩個觀念在貝爾那裡
並不是毫不相干的，相反地，它們之間存在
著一種內在的關連；就貝爾學術思想的路程
而言，可以說，從《意識形態的終結》到
《後工業社會的來臨》是一個合乎邏輯的發
展過程，只是，在《意識形態的終結》裡隱
約地、潛在地或零碎地包含著的某些思想在
《後工業社會的來臨》中則被發展整合成了
關於正在出現的一種新的社會結構的完整的
理論，發展成了對這種社會結構的系統詳細
的敍述預測。

一、觀念的由來

　　「後工業社會」這一概念無疑是經過貝
爾的使用才廣泛流行起來的，但是須指出的
是，貝爾並非是這一概念的發明者。早在1914
年，英國的一位著名的行會社會主義理論家

阿瑟‧潘蒂（Arthur Penty）和另一位學者
就出版過一本題爲《關於後工業主義的論文
集》（*Essays in Post-Industrialism*）的著
作；1917年和1922年，潘蒂又分別出版了題
爲《從舊世界到新世界：關於後工業狀態的
一項研究》（*Old Worlds for New: A
Study of Post-Industrial State*）和《後工
業主義》（*Post-Industrialism*）兩本書。不
過，在潘蒂那裡，所謂後工業狀態或後工業
主義實際上是指一種建築在小手工作坊基礎
之上的無政府主義。至於貝爾自己對「後工
業社會」這一術語的採用，他承認可能是來
自於李斯曼（D. Riesman）的影響：「李
斯曼使用『後工業』這個名稱來說明和工作
相對的『閒暇』。……我那時很可能讀了李
斯曼的文章，這個名稱無疑是從他那裡來
的，雖然我對這個名稱的用法和他相比是非
常不同的。」李斯曼的文章發表在1958年，題
目是〈後工業社會中的閒暇與工作〉。

　　貝爾自己最早使用「後工業社會」這個

詞是在1959年於奧地利薩爾茲堡舉行的一次
研討會上，爲了區別於此前被德國社會學家
達倫道夫用來討論工廠中權力關係變化的
「後資本主義」一詞，貝爾用「後工業社
會」來說明「生產部門的變化以及由一個產
品生產的社會轉變爲一個服務性的社會。」
到1962年，貝爾又爲在波士頓舉行的一次研
討會寫了題爲〈後工業社會：推測1985年及
以後的美國〉的長文，該文的「主題已經轉
爲研究『智能技術』和科學在社會變革中的
決定性作用，認爲那是正在形成的後工業社
會的主要特點。」但是上述兩文都沒有正式
發表，貝爾自己也不想馬上發表他關於後工
業社會的思想，因爲他認爲這種思想尚不完
善。可事與願違，上述這兩篇文章特別是第
二篇迅速地在科學界和政界人士中廣爲流
傳，一些刊物，如公共事務雜誌《潮流》
（*Current*）、商業出版刊物《鄧氏評論》
（*Dun's Review*），不經貝爾同意就刊登了他
論文的某些內容；到六〇年代中期，又出現

了一些和貝爾的思想本意不甚符合的評論介
紹文章。這樣，爲了澄淸已有的誤解和避免
可能繼續會出現的誤解，貝爾從1967年開始
連續地公開發表了一系列系統闡述他後工業
社會思想的論文，並於1973年出版了《後工
業社會的來臨：對社會預測的一項探索》這
本專著。

　　如上所述，貝爾承認他對於「後工業社
會」這一術語的採用是受了李斯曼的影響。
同樣，作爲對一種正在出現的社會結構形態
的預測和敍述，關於後工業社會的系統思想
也不是貝爾一蹴而就的靈感的產物，而有一
個逐步形成的歷史；在這個形成史中，旣包
含有貝爾自己對於社會變遷的考察分析，也
有別人的思想貢獻。在發表於1971年的〈後
工 業 社 會 ： 思 想 的 演 進〉（"The Post-
Industrial Society: The Evolution of an
Idea"）一文中，貝爾指出了關於後工業社會
思想的四個直接來源：

　　第一、他自己在對家族資本主義的解體

的分析（見本書第三章）中指出，統治社會
的已不再是商業經營者，而是技術——知識
精英，這可以說是他關於後工業社會的思想
的起源。

　　第二、科林‧克拉克（C. Clark）在《經
濟進步的條件》一書中把產業分為第一、第
二、第三類；稍後，保羅‧哈特（P. Hatt）
和納爾遜‧富特（N. Foote）於1953年五月
號的《美國經濟評論》上發表文章，進一步
細緻地闡述了克拉克的「第三產業」，還提
出了第四、第五產業，在談到部門分布對於
職業類型變化的影響時，哈特和富特指出：
向工作專業化發展的趨勢以及第五產業或知
識部門的極大重要性是最重要的發展方向。
在他們的影響下，貝爾在《幸福》（*For-
tune*）雜誌上發表了一系列文章，研究不斷
變化的勞動力結構，尤其是產業工人和非生
產性人員比較，以及與職業體系中技術與專
業雇員比較相對下降的情況。

　　第三、熊比得（J. Schumpeter）在1942

年出版的《資本主義、社會主義和民主》一
書中強調技術是一個「廣闊的海洋」，這使
得貝爾於六○年代初閱讀了該書後把思想轉
向了技術預測的問題。

　　第四、科學史學家霍爾頓（G. Hol-
ton）於1962年發表了一篇論文，說明了理論
知識和技術之間不斷變化著的關係的重要意
義，還說明了整理理論的工作不僅是科學革
命的基礎，而且是技術和經濟政策革新的基
礎。

　　新的統治精英的出現、勞動力向服務部
門的轉移、技術成為變遷的動力、以及理論
成為最重要的知識類型，如果說如此四者構
成了後工業社會這一觀念的直接來源，那麼
在提出和說明這一觀念時，貝爾與馬克思就
社會發展問題所進行的對話則表明了形成這
一觀念的思想前提。

　　在《資本論》第一卷中，馬克思曾勾劃
了關於資本主義社會發展的基本圖式：新社
會的結構，即生產的社會化組織，在舊的母

胎中已得到充分發育；這種新結構反應了生
產的社會化性質同「資本的壟斷」所產生的
「生產方式的桎梏」之間越來越大的矛盾；
社會分化爲兩個階級：資本家和無產者；新
社會的性質同舊社會的資本主義形式到了不
能相容的地步，最後「外殼就炸毀」，社會
主義世界就來臨。貝爾把這一論述稱爲馬克
思關於資本主義社會發展前景的「第一套圖
式」，而把馬克思在《資本論》第三卷中對
於資本主義社會在發展中所出現的一些新因
素的考察稱爲「第二套圖式」。不過「馬克
思含蓄地認爲第一種圖式是有決定性作用
的。」「然而，事物並不這樣發展。儘管馬
克思主義作爲一種社會呼籲具有特殊的力
量，馬克思主義運動卻只是在落後國家而不
是在先進資本主義國家最爲成功。更加重要
的是，先進資本主義社會的社會結構的運轉
方式卻和《資本論》第一卷的概述中所設想
的情況大不一樣。」

　　那麼，問題出在那裡呢？貝爾認爲主要

在於馬克思的整體決定論思想方式。「馬克思認爲生產方式（社會的基層結構）決定並包羅了社會的所有其他方面。由於資本主義是西方社會中盛行的生產方式，馬克思主義者就設法用這個概念來解釋從經濟到政治到文化等一切領域的社會行爲。而且，由於馬克思認爲作爲資本主義生產的先進特點的工業化將擴散到全世界，所以最終會出現全球一致的生產方式和生活狀況。國家差異將會消失，而最後只有資本家和無產者這兩大階級之間赤裸裸的對抗。」但是，貝爾並不以整體決定論的方式看待社會。相反他認爲：生產方式並不能統一一個社會。社會科學中最嚴重的錯誤是想藉由一個凌駕一切的單一概念去觀察一個社會的特點，使得人們對現代社會複雜的特徵（重疊的，甚至矛盾的特徵）產生誤解，或者設想某一社會制度必然不可避免地接替另一社會制度的所謂「社會發展規律」。任何社會都混合了各種不同經濟、技術、政治和文化體系，要根據人們心

中的問題，從不同的有利點加以分析。在第
二章中我們已經說明，貝爾把社會劃分爲社
會結構、政體和文化（或經濟——技術系
統、政治系統和文化系統）三大領域，每一
領域都有自己的軸心原則。「社會並不是一
個統一的整體。政體的性質——不論一個國
家是否民主——並不在於經濟『基礎』，而
在於歷史傳統、價值體系以及全社會權力集
中或分散的方式。民主並不能任意『拋
棄』，即使它已經開始阻礙資本家的經濟力
量。同樣地，當今的西方文化並不是18或19世
紀的『資產階級』文化，而是一種敵視經濟
化方式的現代主義文化，它已經被『文化大
衆』所吸收，並轉變成一種由資本主義自相
矛盾的加以推動的物質享樂主義。」因此，
貝爾認爲，馬克思以決定論的觀點從資本主
義生產方式來預言資本主義社會整體的發展
前景是危險的。

就生產方式本身而言，馬克思把社會關
係和生產力兩個方面統一在生產方式這一標

題之下，社會關係主要是財產關係；生產力主要是技術力量。但貝爾指出，同樣的生產力（即技術力量）可以存在於大量不同制度的社會關係之中，因此他把這兩個方面分開，而不認爲社會關係和生產力之間存在單一的關連；他進而還把資本主義、社會主義這一序列的概念限制在社會關係方面，而把工業社會、後工業社會這一序列的概念限制在技術（即生產力）方面。於是「在這個意義上，可以有社會主義的後工業社會，也可以有資本主義的後工業社會，正如蘇聯和美國，雖然按照所有制的中軸來看兩者是不同的，但雙方又同是工業社會。」

這樣，透過和馬克思的對話，貝爾把「後工業社會」這一概念嚴格地限定在他所說的經濟──技術領域或者說社會結構領域，所要描述和說明的是社會結構中軸的變化，而生活上這一領域中的變化同其他兩個分析角度即政治和文化的變化之間，並無必然的相互聯繫。

二、後工業社會面面觀

　　作爲一種社會變遷的理論，後工業社會理論認爲，當代社會正在經歷著一場深刻的變革，在這場變遷中正在出現的「後工業社會」與「工業社會」之間的差別之大就如同「工業社會」和「前工業社會」之間的差別。在此我們不妨先來看一下貝爾對這三者所做的簡單比較。

　　前工業社會的特徵是「同自然界的競爭」，中心問題是努力從自然環境中獲取資源，經濟活動嚴重地受制於土地和其他自然資源的供應，受到報酬遞減律的制約，生產率低下。工業社會的特徵是「同經過加工的自然界競爭」，它以人與機器之間的關係爲中心，利用能源來把自然環境改變成技術環境。經濟活動的核心是大規模的商品生產，

由於能源代替了體力，生產率得以大大提高。工業社會的主要經濟問題是資本問題，即怎樣來籌集到用以投資大規模的製造業的足夠的資本。工業社會的主要社會問題是擁有資本的雇主和不擁有資本的工人之間圍繞著「資本」和「勞動」的報酬問題而展開的「勞資衝突」。後工業社會的特徵則是「人與人之間的競爭」，在這種社會中，以訊息為基礎的「智能技術」和機械技術並駕齊驅。後工業社會中的主要問題是科學的組織以及進行這種工作的大學或研究所等基礎機構。國家的力量取決於它的科學能力，因此，國家對科學支持的性質和種類、科學的政治化、科學隊伍的組織工作中的社會學問題都成了後工業社會中的中心政策問題。

貝爾對後工業社會的論述主要以對美國的考察為經驗性基礎。而為了便於人們對後工業社會有一清晰的把握，他又效仿韋伯揭示「科層制」的特徵的方法，提供了一個後工業社會結構的「理想型」。最初，他把後

工業社會的結構特徵概括為五個方面，這五
個方面是：

　　1.服務性經濟的創立。「後工業社會第
一個、最簡單的特點，是大多數勞動力不再
從事農業或製造業，而是從事服務業，如貿
易、金融、運輸、保健、娛樂、研究、教育
和管理。」「如果工業社會的定義是根據作
為生活標準標誌的商品數量來確定的話，後
工業社會的定義則根據服務和舒適……所計
算出的生活質量的標準來確定的。」不過貝
爾同時又指出，單就從業人員而言，在西方
的歷史上也曾有過從事服務的人員數量較多
的現象，但那主要是替貴族權貴服務的僕人
大軍，大都是日常生活內容的直接服務。而
這裡所說的服務業是一個廣泛的產業概念，
且從事服務業的勞動主力是同訊息和人打交
道的專業人員。貝爾指出，美國是第一個建
立服務性經濟的國家，即第一個大多數人既
不從事農業生產，也不從事工業生產，而從
事服務業的國家。當然，到今天，西方的大

多數國家，以及日本和其他一些亞洲國家也
都已加入了這一行列。

　　2.專業和技術階級的優越地位。這是後
工業社會在職業分布上的特徵。「確定後工
業社會定義的第二種方法是根據職業分布的
變化，即不僅要看人們在什麼地方工作，而
且還要看他們做什麼工作。在很大程度上，
職業是劃分社會階級和階層的最重要的決定
性因素。」在後工業社會中，起支配作用
（雖然並不一定是從業人數最多）的職業將
是需要接受過高等教育的人來從事的專業性
和技術性的職業，而以知識和技術為基礎的
科學家和工程師則取代了以財產為基礎的資
產階級而成為後工業社會的關鍵集團。貝爾
指出，1956年，美國職業結構中白領工人的數
目在工業文明史上第一次超過了藍領工人；
到1970年，白領工人和藍領工人之比例超過
了五比四。最驚人的變化是具有大學教育程
度的專業和技術人員增長得更快，其增長率
是勞動力平均增長率的兩倍；而在所有專業

和技術人員中（在美國，專業和技術人員包
括下列集團：(1)教師；(2)工程師；(3)工程和
科學技術人員，包括製圖員和測繪員；科學
家，包括自然科學家和社會科學家。），又
以科學家和工程師增長得最快，其增長率是
勞動力平均增長率的三倍。

　　3.理論知識的首要地位。這是後工業社
會之「中軸原理」的最突出、最顯著的特
點。工業社會是機器和人合作生產商品；而
後工業社會是圍繞著知識組織起來的，其目
的在於進行社會管理和指導革新與變革。貝
爾指出，知識對於任何社會的運轉都是必不
可少的，所不同的是，在後工業社會中知識
本身的性質發生了變化，這種變化主要表現
在兩個方面：

　　(1)科學與技術之間關係的變化。在工業
上，19世紀的技術基本上都是發明家的創
造，而發明家對於科學規律並不太注意；但
是現代戰爭（特別是從第二次世界大戰開
始）卻按照一種嶄新的途徑把科學和技術結

合起來，現在，戰爭已經處在科學的「恐
怖」統治之下。

(2)理論與經驗之間關係的變化。貝爾發
現，在三〇年代西方國家經濟大蕭條期間，
幾乎每一個政府都在掙扎，但都不知如何是
好。在美國，羅斯福爲修補經濟採取了各式
各樣的方案，但這些方案中很少有哪一條是
根據復興經濟的任何全面理論來制定的，他
手頭沒有任何這樣的理論。但以後的情況發
生了變化，理論與政策開始結合：凱恩斯爲
政府干預經濟作爲彌合儲蓄和投資之間的差
距的手段提供了理論依據；庫茲涅茨、希克
斯等人創立的國民經濟項目體系，爲政府估
量投資與消費等經濟活動水準並制定相應政
策提供了依據；同時，經濟模式給人們指出
了活動範圍，並能具體說明各種不同政治選
擇的結果。

總而言之，在後工業社會中，貝爾指出，
對於組織決策和指導變革具有決定性意義的
是理論知識處於中心地位，也就是說，理論

與經濟相比占據了首位，而且在知識編撰成
抽象符號的系統以後，可以同任何規律體系
一樣用來說明許多不同領域內的經驗。而之
所以如此，貝爾認爲乃是因爲：「每一個現
代社會的存在，都依靠革新以及社會對變革
進行管理，並力求預測未來，以便預做計畫。
承擔管理社會的這種任務，使得社會有了制
定計畫和進行預測的需要。正是由於對革新
的性質在認識上發生了變化，才使得理論知
識變得如此重要。」他指出：後工業社會是
雙重意義上的知識社會：首先，革新的源泉
越來越多地來自研究和發展（更直接地說，
由於理論知識居於中心地位，在科學和技術
之間存在了一種新型關係）；第二、社會的
力量——按大部分國民生產總值和大部分就
業情況來衡量——越來越多地在於知識領
域。

　　4.技術的規劃。貝爾認爲，在工業社會
中，科學技術的發展是盲目的；而在後工業
社會中，隨著新的技術預測模式的出現，社

會就有可能對技術發展自覺地進行規劃和控制。他指出，一個現代社會為了避免停滯，就必須開闢新的技術領域，以維持生產能力和更高的生活水準，但是，如果一個社會變得更加依賴技術和新發明，就會給社會制度帶來一種危險的「不確定性質」（技術進展會帶來有害的副作用以及時常被人們忽視，但確非故意忽視的第二位和第三位的後果）。新的預測方法和「探測技術」技術的發展，有可能在經濟史上開闢一個嶄新的階段，即有意識、有計畫地推動技術變革，從而減少經濟前途的「不確定性質」。

5.新的智能技術的興起。貝爾指出，在18世紀和19世紀，科學家們學會了如何處理一對變數的問題；在19世紀和20世紀初期，社會科學的大多數模式是把簡單的、相互依存的變數並列起來，應付的是「複雜的簡單問題」。後工業社會所要處理的是「條理化的複雜性問題」，即要處理具有大量相互作用的變數的大型系統，使它們協調。1940年以

來，一系列適用於處理這些條理的複雜性問題的新的智能技術出現了，如訊息論、控制論、決策論、博弈論、效用論、隨機過程，以及線性規劃、統計決策論、馬科夫鏈式應用法、蒙特‧卡洛隨機化過程、極大極小解等等。智能技術用解決問題的規則系統來代替直觀判斷，能夠在包含著大量變數的「情勢」中確定合理性的行動並識別實現這種行動的手段，即它可以導致解決問題的最佳策略。因此，新的智能技術的出現，使得後工業社會能夠對社會發展做出有效的規劃與決策。

　　上述五個方面，即是貝爾在《後工業社會的來臨》的1973年初版中所描繪的「後工業社會」的典型特徵，或者說，它們構成了一個後工業社會的「理想型」。但是，在為《後工業社會的來臨》的1976年新版所寫的序言中，貝爾對這一理想型又做了修正，省去了「技術的規劃」這一向度，同時又添加了另外七個向度。這新增的七個向度是：

1.工作性質的改變。工作主要的不再是操縱客體,而是與其他人打交道,是處理與其他人的關係。

2.婦女的作用。服務部門的擴展為婦女提供了更多的、前所未有的就業機會,從而為她們的經濟獨立提供了可靠的基礎。

3.科學的蛻變。從17世紀以來,直到最近之前,科學的目標是知識本身,而不是任何特定的實用目的;現在,科學已經不但和技術而且和軍事、社會技術、社會需要等密不可分。科學組織的新特徵及其與其他組織的關係是後工業社會的中心特徵。

4.工作地點成為政治單位。貝爾指出,多數社會學分析集中關注階級 (class) 或階層 (strata),關注那些社會橫向單位,但在後工業部門,一套縱向次序的工作地點 (situses) 很可能將是政治關係的更重要場所。貝爾著重敍述了四種職能性工作地點 (科學的、技術的、行政的、文化的) 和五種體制性工作地點 (經濟企業、政府部門、

大學和研究機構、社會福利機構、軍事部門）。他認爲，主要的利益衝突將發生在工作地點集團之間而不是階級之間，並且，對工作地點的強烈歸屬感將會阻止新的專業集團形成堅實的階級。

　　5.能者統治。職位的分配主要以教育和技能而不是以財產或文化優勢（cultural advantage）爲基準。

　　6.匱乏的改變。貝爾認爲，在後工業社會中，商品的匱乏將逐步消失，但匱乏本身不會消失，代之而起的是訊息和時間的匱乏。在後工業社會中，一個關鍵的問題是休閒時間的分配。

　　7.訊息經濟學。由於訊息在本質上是一種集體貨品而非私人貨品，因此，爲了增強訊息在社會上的擴散和使用，有必要採取合作的戰略，而不是像在商品生產和銷售中那樣採取個體主義的競爭戰略。由訊息的本質而產生的這一新問題，在後工業社會的理論和政策方面，向經濟學家和決策者提出了最

重大的挑戰。

這樣，貝爾就把「後工業社會」的「理想型」特徵總共增加到了十一個面向。不過，或許是爲了免得人們在把握和判定後工業社會時感到過於繁複，貝爾又強調，在這十一個面向中，有兩個是最重要、最核心的，那就是「倫理知識的首要性以及相對於製造業經濟的服務部門的擴張。」它們構成了判定一種社會結構是否已經進入後工業階段的兩個最基本的向度。在一定意義上，它們也是導致直接地制約著後工業社會之政治特徵的社會階層結構和權力結構的變化的兩個根本性因素。

三、服務社會、知識社會和後工業社會的政治

前面已經說明，貝爾的後工業社會的概念主要涉及的是社會結構方面的變化，這種

變化並不如有些人認為的那樣「決定著」政治或文化的相對變化。不過，貝爾同時又承認，社會結構方面的變化從三個方面向社會的其餘部分提出了問題。首先，貝爾認為，社會結構是一個旨在協調個人行動以達到特殊目的的職能結構，這些職能確定適應於某一具體職位的、有限的活動方式，從而把人進行劃分，但人們並不一直願意接受某項職能所規定的要求。例如，後工業社會的一個面向就是科學的日益科層化和腦力勞動的分門別類日益專門化，然而，進入科學領域的人們是否會像一百五十年前進入工廠體系的人們那樣接受這種劃分呢？第二、社會結構的變化對政治制度提出了「管理」問題。在一個日益意識到自身命運、並力圖掌握自身命運的社會裡，政治秩序無疑是最重要的。由於後工業社會增加了知識中技術部分的重要性，所以迫使新社會的大師——科學家、工程師和技術官員們——要麼與政治家競爭，要麼就成為他們的盟友。因此，社會結構和

政治秩序之間的關係便成為後工業社會中主
要的權利問題之一。第三、強烈依靠認識能
力至上和理論知識至上的新的生活方式，不
可避免地要與文化發展的趨勢相衝突，這種
文化力求加強自我，並且越來越反對受道德
規範束縛和反對制度化。既然社會結構的變
化從上述這些方面向社會的其餘部分即政治
與文化領域提出了問題，那麼，研究與考察
這些問題對於政治與文化的影響應是貝爾題
中之事。在《後工業社會的來臨》一書中，
貝爾除了探索社會結構內部變化這一中心任
務之外，著力探討了社會結構與後工業社會
的政治影響的問題，至於後工業社會與文化
的關係問題，則成了他另一部專著即《資本
主義文化矛盾》的主題。前面已經指出，在
貝爾看來，「理論知識的首要性以及相對於
製造業經濟的服務部門的擴張」是後工業社
會的兩個最重要、最核心的特徵，下面我們
就來具體地看一下這兩個方面及其對於政治
領域的影響。

㈠服務社會和後工業社會的
　勞工問題

　　如前所述，美國是第一個建立起服務性
經濟，成爲服務社會的國家。貝爾詳細地考
察分析了美國邁向服務社會的歷程和狀況。
1900年，美國在服務部門就業的人數占總就
業人數的30％；到1940年，這個數字就上升
到了50％；而到1980年，則將達到70％。貝爾
指出，從1870年一直到1920年，向服務業的轉
移幾乎完全是由於農業就業流向工業的緣
故，服務業就業人數的增長同工業一樣迅
速，服務業主要的增長是在運輸、公共事業
和銷售等輔助行業領域內；這是美國生活中
工業化的時期。而到1920年之後，非農業部門
的增長率開始改變方向，工業就業人數雖然
仍然在增長，但它在就業總數中的份量已經
趨於下降，因爲服務業的就業人數開始以更
快的速度上升。到1947年以後，另一個重大的
變化又出現了，作爲公共部門的政府部門

（包括聯邦政府、州政府和地方政府）成了
服務業就業增長的最重要的領域，到1980
年，爲政府部門工作的人數將達到勞動力總
數的16％，而在1929年，這一比率才到6.4％。
因此貝爾指出：「從1900年到1980年，在各
部門的比率完全改變的過程中，美國經濟發
生了兩次結構性變化，一是朝向服務業的轉
化，二是公共部門作爲就業的主要領域而發
展起來。」①

　　這種變化促使貝爾去分析勞動力職業分
布的變化。如前所述，向後工業社會的轉變，
不僅表現在勞動部門分布的變化上——人們
在何處工作，而且表現在職業類型的變化上
——他們做何種工作。雖然並非所有的服務
業都是白領工作，也並非所有的製造業都是
藍領工作，但是整體來說，「服務業的擴張，
特別是在貿易、金融、教育、保健和政府部
門，展示出一幅白領社會的圖畫。」從1900年
到1980年，美國白領工人占勞動力總數的比
率從17.6％上升到了50.8％。貝爾承認，造成

這一變化的一個很大的原因是由於大量的婦
女受雇於日常事務性的、低級的白領職業，
但是，即使單就男性勞動力而言，變化也是
引人注目的。1900年，只有15％的美國人穿白
領服裝，到1940年，這個數字已經上升到
25％，而到1970年，則差不多有42％的男性勞
力擔任白領工作。與此形成對照的是藍領工
人比率的下降趨勢，1940年，藍領工人約占全
部勞動力的40％，到1980年，則下降到32％。
而比藍領工人下降更快的是農業從業人員，
1900年，農業從業者約占總勞動力的37.5％，
到1980年，則要下降到2.7％。貝爾又指出，
在職業分布的所有變化中，一個十分重要的
現象是，專業和技術人員是所有職業群體中
增長最快的群體。在1890年，該職業群體的人
數尚不到100萬，而到1980年，則要達到1550
萬，約占就業總人數的16.3％。

　　所有上述這些變化給美國的工會運動帶
來了嚴重的問題。首先，就總體形勢而言，
貝爾指出，美國的工會運動在1935年到1947

年之間有一迅速的發展，但自此以後，便走向了停滯甚至萎縮的命運。雖然從工會會員的絕對數量而言，整個美國的工會會員在1970年達到了最高記錄，但這只是表面現象，因為就工會會員占整個勞動力的百分比而言，和1947年相比沒有任何變化，並且，就非農業企業工人中工會會員的百分比來看，還要低於1947年。② 造成這種停止和萎縮的根本原因就在於藍領工人比率的減少和女性雇員的上升，在美國歷史上，工會運動一直就是藍領工人的運動。就白領階層而言，貝爾指出，1947年以後工會運動唯一發展迅速的領域是在政府職工之間（這也是美國工會運動唯一真正發展的部門），而這主要得益於政府的有力支持。至於其他的白領領域——像貿易、金融和保險部門——則基本上沒有組織和發展起來，就像整個科學和工程技術人員與工程師的領域一樣。

在注意到工會運動的上述總體形勢的基礎上，貝爾進而又詳細的分析討論了由勞動

力結構的變化而產生的後工業社會所面臨的
五個重要的勞工問題。這五個問題是：

　　1.教育和地位。後工業社會的新勞動力
的一個重要方面是其在接受正規教育方面的
成就，此外，他們在文化均勻性方面也達到
了比他們的前輩更高的程度。美國的勞工運
動，特別是藍領階級，一向有很大部分是外
國出生者或者是第一代工人，他們中許多人
自然而然地接受了比較低的社會地位，但是
現在，這種人的比例大大地下降了。這樣，
從歷史上說，美國藍領勞動力第一次接近於
經典馬克思主義關於受過較好教育的、文化
上同質的勞動力的形象。那麼，這種變化在
何種程度上爲新的勞動力創造了基礎呢？一
代新的、年輕的、有教養的勞動力進入工廠，
會在何種程度上對工作性質造成一種非常不
同的心理學和新型的要求（例如，與他們的
前輩相比，他們會不會對貨幣報酬感到不那
麼重要，而對掌握工作決策——對速度的控
制、任務分派、工作的計畫和部署等——的控

制權則出現新的要求？），對此，貝爾認為
還有待於觀察。貝爾還指出，正像熟練工人
和半熟練工人是工業社會的特點一樣，專業
人員的組織將是後工業社會的特點，但是，
這些組織將採取怎麼樣的形式？是將繼續維
持其傳統的行會形式呢？還是將成為更有戰
鬥性的、採取進攻姿態的工會呢？這也同樣
有待於觀察（不過從後面貝爾對「新工人階
級」問題的論述來看，他基本上否定了專業
人員組織成為戰鬥性的工會的可能）。

　　2.黑人問題。早在1962年，貝爾就曾提
示，在後工業社會，階級的差別在很大程度
上將讓位於主要建基在種族之上的社會不平
等。到寫作《後工業社會的來臨》時，貝爾
依然覺得沒有改變這一觀點的必要。就黑人
而言，雖然在十多年中，黑人職員在社會地
位較高的一些關鍵性部門裡的數量有所提
高，但總數仍是微乎其微的。唯一最大的黑
人工人集團是半熟練工人。對於這個集團來
說，獲取較好的工作的問題決定於工會運

動，工會運動雖然正式同意給予幫助的方
針，但對黑人工人的提升卻一直相當緩慢。

　　3.婦女問題。服務性經濟是一種女性化
程度很高的經濟。在產品製造業中，女性雇
員只占全部雇員的20％，而在服務業部門，則
有一半的雇員屬於婦女。從另一角度來說，
在全部從業婦女中，在產品製造業部門工作
的只占27％，其餘73％都在服務部門工作。由
於各式各樣社會學方面的原因，婦女一直比
男子難於組織。很少有婦女認為她們的工作
是「永久的」，所以對工會較少興趣。所以，
對於有組織的工會運動來說，吸收更多工會
會員的問題必將是一個越來越困難的問題。

　　4.非營利部門。在服務性經濟中，增長
最快的領域是像保健、教育、政府部門這些
非營利的部門，這是真正擴張的領域，是新
就業的主要部門。雖然，迄今為止，關於從
事營利和非營利部門工作的人們在氣質上有
什麼明顯的差別還沒有深入的研究，但是，
既然非營利部門的中心是保健、教育、研究

部門等，那麼可以設想那裡有一個中產階級
和上層中產階級的核心，他們不僅形成一個
巨大的文化市場，而且整體說來，他們的政
治和社會態度會比整個社會的態度更加自
由。正是在這個領域內將會出現要求社會變
革的巨大壓力。

　　5.「新」工人階級。像工程師、技術員
等這些受過良好教育，從事較上等的職業同
時又靠工資和薪水而生活的專業人員，會不
會像有些學者所說的那樣，成為「新工人階
級」？成為其他無產階級的富有戰鬥精神的
激進的領導前鋒？貝爾對此表示懷疑。他指
出，專業人員絲毫不把自己與工人階級等量
齊觀，事實上，他們更關注自己與工人階級
特別是藍領工人的區別，因而他們最關心的
是保持他們的「專業地位」。而這種保持專
業地位的努力恰好與新左翼的平民主義發生
了衝突。在學校、醫院和居民區內，新左翼
的政治動力就是——批評崇尚專業技能和等
級地位是排斥人民於決策之外的手段。「因

此，人們今天可以看到一種奇怪現象：『有
教育的勞動者』處於官僚主義和平民主義這
兩個極端的夾擊之中。如果它要抵制威脅其
成就的『異化現象』，它就更可能要維護傳
統的專業精神，而不會走向二者之中的任何
一方。因此，『新工人階級』一詞只不過是
一個激進的幻想而已。」

　　在一百多年的西方工業社會歷史中，
「勞工問題」一直是社會的主要問題，勞資
衝突蓋過了所有其他的衝突，為社會各主要
部分活動的中樞。馬克思根據商品生產的邏
輯，認為資產階級和工人最終都會分解為抽
象的經濟關係，所有其他的社會屬性在其中
都將消失，從而雙方都按照其階級地位互相
面對。但是，貝爾在對後工業社會的勞工問
題進行了上述分析考察之後認為，上述這種
預測在兩個問題上疏忽了。第一是像種族、
民族、宗教這種韋伯稱之為「處於隔離狀態
的集團」的持久力量，在大多數情況下它們
比階級更為有力和更有影響，它們的劃分超

越了階級的分野。第二、勞工問題已經處於
「收縮狀態」。利益衝突和勞工問題（經理
和工人之間對工作條件的控制權力互不對
稱）依然存在，但這種不對稱的現象已經發
生了變化，談判的方法已經制度化。不僅政
治上的緊張氣氛處於收縮狀態，甚至連職業
是否影響人們其他方面的行爲也是個問題。
總之，貝爾認爲，在後工業社會中，「一個
重要的事實是，作爲勞工的『勞工問題』不
再是主要的了，它也不具有使所有其他問題
都沿著這個中軸兩極分化的社會和文化影響
了。」

㈡知識社會和後工業社會的
　　權力結構

　　後工業社會是一個知識社會。貝爾給知
識所下的正式定義是：「知識是對事實或思
想的一套有系統的闡述提出合理的判斷或者
經驗性的結果，它透過某種交流手段，以某
種系統的方式傳達給其他人。」但是爲了便

於衡量知識的增長，貝爾又給出了一個關於知識的操作性定義：「知識是一種客觀上已認識的事物、一種精神財富，冠以一個或一組名字，由版權或其他一些社會承認的形式（如出版）所認可。這種知識根據寫作和研究所花費的時間，以通訊和教育工具的貨幣補償方式得到了報酬。它受制於市場判斷、上級的行政或政治決策的判斷，或者對成果價值或要求的當地社會資源的判斷。」從這個意義上講，知識，無論就其生產和投入，還是就其由市場來評估其價值而言，都是社會性的而非個體性的。

根據上述這個操作性定義，貝爾藉由引證一些資料以及許多學者的論述說明了近幾十年來知識總量的飛速增長和技術的迅速發展，並且指出：後工業社會是雙重意義上的一個知識社會：首先，革新的源泉越來越多地來自研究與發展（更直接地說，由於理論知識居於中心地位，在科學和技術之間存在了一種新型關係）；第二、社會的力量──

按更大部分國民生產總值和更大部分就業情
況來衡量——越來越多地在於知識領域。就
第一層意義而言，貝爾指出：有關技術的有
些新東西已經被引進經濟和社會歷史，那就
是業已發生變化的科學和技術之間的關係，
以及由於研究活動的制度化而使科學同不斷
發展的經濟結構相結合的情況，在美國已經
成了企業組織的正式組成部分。因此，出現
了兩種新情況：研究活動的有系統發展和以
科學為基礎的新興工業的產生。就第二層意
義而言，在美國，用於教育的投資占國民生
產總值的比率從1949年到1969年增加了一倍
多，由3.4％上升到7.5％；而更引人注目的是
用於研究和發展的投資占國民生產總值比率
的增長，從1948年到1965年整整增長了十五
倍；至於研究和發展的人力，從1954年到
1965年年增增長率為7.1％，遠遠高出1.5％的
整個勞動力的年平均增長率。

　　知識社會的來臨給西方社會的權力系統
帶來了深刻的影響。貝爾跟科林斯一樣，認

爲權力系統是以對稀有資源的分配和占有爲
基礎的，在一個特定的社會中，誰擁有和掌
握稀有資源，誰就躋身這個社會的統治階
層。但是在不同的社會中，稀有資源的性質
是不同的。在前工業社會，土地是重要的資
源；在工業社會，較重要的資源是機器；而
在作爲知識社會的後工業社會，最重要的資
源則無疑地是知識。與社會稀有資源的這種
變化相應，西方社會的階層和權力系統也發
生了重大變化。（見**表4－1**）在以土地資源
爲中軸的前工業社會中，土地所有者和（保
衛土地的）軍人構成了統治階級，沒有土地
者只有靠依附於土地所有者才能爲生；在以
機器爲中軸的工業社會中，企業主處於關鍵
性的權力位置，透過對政治的間接影響來行
使其對社會的控制；在以知識資源爲中軸的
後工業社會中，「主要的階級首先是一個以
知識而不是以財產爲基礎的專業階級。」
　「很清楚，在未來的社會裡，不論人們如何
下定義，科學家、專業人員和技術官員將會

在社會的政治生活中起主導作用。」大學和
研究所將成爲權力的所在地與「動力源」；
權力的手段將是理性的技術力量（由科學家
提供）與政治力量（由權力精英運用）之間
的平衡。

表4－1　西方社會的階層劃分和權力

	前工業社會	工業社會	後工業社會
資源	土地	機器	知識
社會活動場所	農場 種植園	公司企業	大學 研究機構
統治人物	地主 軍人	企業家	科學家 研究人員
權力手段	直接控制武力	間接影響政治	技術和政治力量 的平衡，選舉權 和權利專門技術
階級基礎	財產 軍事力量	財產 政治組織 專門技術	專門技術 政治組織
取得權力的 途徑	繼承 武力奪取	繼承 贊助 教育	教育 動員 吸收

　　換而言之，作爲一個知識社會，後工業
社會在權力系統上必然是一個「科技治
國」、「能者統治」的社會。所謂「科技治
國」，貝爾所用的定義是：在這種政治制度
中，決定性的影響屬於行政部門和經濟部門
中的技術人員。科技治國論的思想「強調用
邏輯的、實踐的、解決問題的、有效的、有
條理的和有紀律的方式來處理客觀事物，它
依靠計算、依靠精確和衡量以及系統概念，
……它是和傳統的、習慣的那種宗敎方式、
美學方式和直觀方式相當對立的一種世界
觀。」

　　貝爾認爲，科技治國論有兩個思想來
源。第一是科學管理的奠基人弗雷德里克‧
W‧泰勒，在他看來，除了生產和生產效率
以外，任何其他目的的思想幾乎都不存在。
泰勒的強烈信念是「地位高下必須根據知識
多少而不是根據裙帶關係和財力多寡」，按
照他關於職能工長制的思想，他認爲影響和
領導應該根據技術才幹而不是根據任何其它

標準。貝爾認爲科技治國論的另一個思想來源是馬克思。馬克思透過考察人的物質和技術力量的發展，考察人戰勝自然的手段的發展，用自然法則解釋了自然歷史的發展過程。應該說，貝爾把泰勒看作西方社會中「科技治國論」的思想來源是正確的，而把馬克思看作「科技治國論」的思想來源則是不正確的。馬克思的思想與「科技治國論」的基本主張並不相同。馬克思——特別是在其晚期的著作中——承認科學技術在現代社會中的作用及其增長的趨勢，但並不把科技手段當作目的，並不特別強調科技人員的政治作用。馬克思主義有一特定的、根本的目的，那就是追求無產階級的解放和全人類的解放，而這種解放要依靠無產階級自己。

對於「科技治國」，貝爾自己的態度其實是矛盾而無奈的。一方面，他用批判的口吻指出「按照科技治國的方式，目的只是追求效率和產量，目的已經成爲手段，它們自身就是目的。」聯繫到在第一章所指出的貝

爾的文化立場，他的這種批判的口吻應該是
可以理解的。另一方面，他又不得不承認：
「科技治國的方式已經確定下來，因為它是
講求效率的方式──講求生產、計畫和『完
成任務』。鑑於這些原因，科技治國的方式
必然會在我們的社會中擴大。」

　　貝爾認為，從工業社會到後工業社會在
權力結構和權能基礎上的上述歷史轉變是沿
著兩個軸心發生的。一個軸心是經濟職能對
社會其他職能的關係，古典社會學都把經濟
職能的不受管束視為社會緊張和失序的根
源，視為現代社會的主要問題。貝爾認為當
代所發生的具有決定意義的社會變化是經濟
職能從屬於政治秩序，這是因為人與人之間
的相互依存和經濟活動的聚合性、外部性因
素和社會成本的出現和提高，以及控制技術
變革的影響的必要性。在當代社會，經濟秩
序的獨立性（以及經營經濟的人們的權力）
正在走向結束，對社會的控制首先不再是經
濟的，而是政治的了。③

　　第二個軸心是社會職能（或社會地位，
首先是職業地位）與財產的關係。在西方社
會中，特別是在資本主義制度下，社會職能
可以轉變爲財產（土地、機器、股票、特許
權），它們作爲財富保存起來傳給後代，使
權力繼承下去──特權形成了一種社會體
制。在新的正在出現的社會裡，個人的私有
財產正在失去其社會目的，社會職能與財產
分離開來。社會職能或技術能力的獨立性是
科技治國觀點的根源。社會職能的獨立即意
味著專業主義。一門專業就是一項學問精通
的（學術性的）活動，因此要有正式的訓
練，並且要在廣博的學術背景之下；一門專
業還體現一種社會關心的標準。因此之故，
專業就意味著才能與權威（技術的權威與道
義的權威），專業人員在社會中享有神聖的
地位。

　　貝爾力求勾劃出基於知識、專業的後工
業社會的結構框架。在這個結構中，專業人
員處於最高地位，在其之下的有技術人員、

半專業人員等，最下面的是藍領工人。但是，
在「科技治國」的後工業社會中處於最高地
位的專業人員階級是否構成一個「鐵板一
塊」的新的「統治階級」呢？正如我們在上
一章中已經提到的那樣，貝爾的回答是否定
的。他指出，他所說的專業人員階級由四大
階層組成：科學階層、技術階層、行政階層、
和文化階層。這些階層總的說來是由一種共
同的精神氣質所聯結起來的，相互之間並無
聯結一起的內在利益，除了共同維護學術思
想以外；事實上，他們之間存在著很大的分
離因素。科學階層關心的是追求基礎知識並
設法保衛這種學術追求的條件，使之不受政
治的或外面的影響而有所妨礙。技術階層，
不論是工程師、經濟學家或醫生，都把他們
的工作以經過彙編整理的知識體系為基礎，
但是在應用那些知識於社會或經濟目的時，
他們受到他們所服從的不同工作場所的政策
所限制。行政階層所關心的是各種組織的管
理，他們受到那些組織本身的自我利益的約

束，並受到貫徹實施社會目標的約束，因之
可能與其他階層發生矛盾。文化階層——藝
術與宗教——是和表現象徵主義的各種形式
與意義相關的，但是它更關心意義，它可能
會發現自己越來越同技術階層和行政階層相
敵對。

除了上述分離因素，貝爾又指出，雖然
階級可能橫向地由不同地位（以四大階層爲
首）所代表，但是社會卻是縱向地由工作地
點（職業活動和利益的眞正所在地）所組成
的。在日常活動中，各種利益的眞正活動與
衝突存在於人們所隸屬的各個組織之間，而
不是存在於比較分散的地位身分和與精神氣
質方面。在一個資本主義社會裡，財產所有
主或商人作爲一個階級完全位於企業商行或
公司之中，所以，地位和地點是有聯繫的。
可是，在後工業社會中，上述四大階層是分
布於許多不同的地點的。科學家可以爲經濟
企業、政府、大學、社會機構或軍隊工作。
技術專家和經理的分布情況也是這樣。由於

這種「橫斷」的情況，一種關於政治目的的純「階層」意識的存在的可能性也趨於減少。

　　總的來說，貝爾認為，在作為知識社會的後工業社會中，科技治國、能者統治──雖然這些「能者」不太可能形成傳統意義上的一個新的統治階級──是一種必然的趨勢。這樣，正如許多評論者所指出的那樣，貝爾便和法蘭克福學派的精英主義立場站在了一起。貝爾區分了權力與權威。權力是指揮的能力，它是直接或間接地依靠武力做後盾的。權威是一種以技術、學識、天資、技巧或某種類似的屬性為基礎的能力，它不可避免地造成有人高明有人平庸之分。貝爾主張的能者統治無疑是由獲得權威的人們組成的，他反對平民主義的無區別的平均主義，從而和不相信自下而上的民主化的可能性的現代社會學的普遍潮流不謀而合。不過，在肯定精英主義取向的能者統治的同時，貝爾並沒有忽視現實政治生活中存在的另一種呼

聲：「到處可以見到的是社會方面反對官僚主義和要求民主參與，有一句話歸納了這個問題，這已成爲一個口號：『人民應能影響控制他們生活的決定』。民主參與的革命，在很大程度上是反對社會『專業化』和後工業社會中出現的科技治國決策的形式之一。」

如果考慮到能者統治的政治精英主義觀點和貝爾關於現代政治的軸心原則所隱含的平等思想之間的矛盾，可以設想，貝爾在接受能者統治時應該是具有內在的緊張的。英國學者艾倫・斯溫傑伍德（Alan Swinge-wood）所著的《社會學思想簡史》裡這樣評述貝爾：「在貝爾的理論中，行動著的人對文化、政治和經濟的形成不起作用。計畫者和技術官僚以理論知識和專家精神作爲決策基礎，實際上使群衆民主的各種形式和活躍的政治組織中立化。在統治者和被統治者之間，維持著一種官僚制度的管理關係，結果後工業社會的邏輯便是消滅對話的交往方

式，使人的交往與行動失去明確的意義。貝
爾的論點中貫串著一種深刻的悲觀主義情
緒，一種對市民社會各種組織的不信任態
度：『他的政治世界仍然是多元的，但是卻
受著平民主義（populatism）和忿恨情緒
（resentment）的困擾。五〇年代精英多元
論的安寧，似乎一直受著所有非精英集團
（黑人、學生、婦女、工人等等），政治要
求的野蠻侵擾……。貝爾不再吹噓美國的美
德便是民主的化身，開始明確贊成精英統治
了。』」事實上，所謂「明確贊成」或許更
應該說只是一種據於他所認爲的現實趨勢的
選擇。

四、後工業社會的社會選擇
和社會計畫

　　上面已經提到，貝爾認爲，在美國這樣
的後工業社會中，政治領域將變得更加具有

決定性意義，原因在於：第一、美國成了一個全國性社會，在這樣的社會中，同時影響社會各部分的關鍵性決議（從外交事物到財政政策）是由政府而不是透過市場做出的；此外，美國已經成爲一個公衆社會，在這個社會裡，更多的集團現在都設法透過政治制度來確立它們的社會權利——它們對社會的要求。貝爾的這一論點事實上即是說，隨著社會結構的變化，決策的基本方式和途徑也將相對的變化，如果想要決策取得最大的社會效用的話。在亞當·斯密看來，社會福利就是個人效用的總和，每一個人都透過追求自身的目標而幫助了整個社會，市場這隻「看不見的手」能夠使個人在追求自身利益時無意識地促進社會利益，並且這往往比個人眞正有意識地去促進社會利益更加有效。

但貝爾指出，經濟物品有兩種類型，而不是只有一種類型：個人物品和社會物品。個人物品是可分的，每個人或者家庭根據消費者自由選擇的原則去購買特定的物品和個

人服務。社會物品是不能被分成個人占有品
的,而是公共服務的一部分(例如國防、教
育、環境美化、洪水控制等等)。這些物品
和勞務旣不售與個人消費者,也不根據個人
的口味來加以調整。這些物品的性質和總量
必須由適合於一切人的一項決議來確定。因
此,社會物品決定於公共的或政治方面的需
求,而不是以個人需求爲轉移。而在後工業
社會這個全國性的大社會中,越來越多的物
品必須由社會共同購買。除了國防以外,城
市規劃和交通運輸系統的合理化,維護市區
空地和擴大娛樂領域,消滅空氣污染和淨化
河流,保證教育開支和組織充分的醫療,以
及科學技術的有計畫發展等等所有這一切,
都不能分割成個人占有品也不是個人所能承
擔的公共事業,因而不能採取基於個人偏好
的個人決策,而必須採用基於公共需要的社
會決策或者說「集團決策」。因此,貝爾明
確指出:今天,「美國人正在脫離以私人企
業市場體系爲基礎的社會,而走向政治上以

明確的『目標』和『重點』來做出最重大的
經濟決策的社會。」④

對於個人的效用偏好模式，經濟學家和
數學家已經能夠提供一個「合理的證據」，
但是，對於集體福利效能模式，卻還未能提
供「合理的證據」。有的經濟學家（如肯尼
斯‧阿羅）甚至根本否定有能夠把一個集團
的不同偏好合為一體，滿足每個人要求的
「社會決定」的可能。貝爾指出，當我們從
個人決策轉向集團決策的時候，當我們考慮
「如何最好地把社會成員不一致的偏好方式
結合起來達到全社會折衷的偏好方式」的問
題時，我們面臨的是社會選擇，在目前的現
實世界中，社會優先考慮的問題、把何種社
會效用發展到最大限度的問題、促進何種公
共企業的問題，都是在政治領域中按照「政
治標準」（即不同利益集團的相對權數和壓
力，並根據國家需要和公共利益的某些含糊
內容來加以平衡）予以解決的。但是，正是
在這裡，社會選擇碰到了理論上的棘手問

題，「因爲大社會（設法認識自身目標的一
種社會）越來越重要的問題之一，就是理性
和政治之間的關係問題，……當代的許多社
會理論都致力於嚴格闡述人的理性模式，在
這樣的闡述中，最佳化、極大化和極小化都
提供了合理規範的行爲模式。」然而，政治
「不是把理性作爲社會效用的客觀標準，而
是人與人之間的討價還價。」因此，至今爲
止，我們還缺乏一個合乎理性（達到社會效
用的最大化）而又現實可行的「進行社會選
擇的有序的機制」。⑤貝爾也意識到要建立
這樣一種機制所面臨的理論上和現實上的極
大困難，不過，在他的論述中，還是提出了
一系列有啓發的理論分析和概念工具。

㈠經濟化方式和社會學化方式

　　貝爾區分和比較了社會經濟生活（思
想）的兩種方式：經濟化方式和社會學化方
式。經濟化就是在互相爭奪的各項目之間最

合理地分配稀少的資源的科學；它是減少
『浪費』的重要技巧──這是由主導的核算
技術所規定的計算來衡量的。經濟化的條件
是一種主持分配的市場機制，是一種適應不
斷變化的供需特點的流動價格體系。在過去
一百年中，經濟化方式在西方資本主義社會
中一直占據著主導地位。經濟學本身發展出
了一整套嚴格而考究的總理論體系來解釋貨
物和勞務的相對價格、生產要素的相對價
格、這些生產要素分配於各種用途的情況、
就業水準和價格水準。由於有了經濟學，就
產生了合理的勞動分工、職能的專門化、關
係的相互補充、生產職能的使用（以相對價
格使資本和勞動力最佳地結合）、制定程序
（在生產或運輸中最佳地排列各批次序）等
等。「最大限度」、「最佳化」、「最低成
本」等等是經濟化方式的最有代表性的概念
詞彙。

　　但是，貝爾指出，這種一百年來在西方
社會中盛行的經濟化方式至少存在著三個缺

陷。首先也是最重要的是，它只衡量經濟商
品，而像清新的空氣、美麗的風景、純淨的
清水、明亮的陽光，更不用說那些無法稱量
的事物如訪朋會友的愉快、工作中的滿足等
等，則被忽略了。這是因爲這些「自由財
貨」非常豐富而很少或不用花費什麼代價，
也因爲它們是不能占有或出售的。這類自由
財貨對人類的整個福利事業做出了很大的貢
獻，但在經濟化方式的核算計畫內，它們的
價格卻等於零。第二、經濟化方式不考慮
「外溢因素」（外部成本）。發展往往會產
生越來越多的「外溢因素」，它們成爲別的
私人部門直接支付的費用，或者在整個社會
內進行分派。「外部成本」是並非有意或計
畫之中的影響，它是A、B兩者之間私人交易
中「散落在」第三者C（以及通常還有D、
E、F）身上的影響。其結果是帶來社會成本
（儘管也常帶來社會福利）。社會成本的最
明顯例子是環境污染。公司對原材料和勞動
力支付費用，但直到現在，它們還不必爲排

入空氣和水的汙染物而支付費用。因此，它
們的價格並沒有反應出它們活動的真實成
本。與經濟化方式有關的第三個問題是西方
社會的價值體系強調滿足個人的私人消費是
首要考慮，其結果是公共商品和私人商品之
間出現不平衡。在民衆的心理中，並不把稅
收看成是購買個人所無法爲自己購買的公共
服務所必須的，而看作是「他們從我這兒拿
走的」錢。因此，稅收並不被看作是增加福
利，而是減少福利。

　　經濟化方式的成本核算體系的性質，掩
蓋了其自身的許多缺陷。貝爾指出，這種方
式的根本謬誤在於它基於一種分散的社會
觀，即認爲個人決定的總和等於一項社會決
定。然而個人決定的總和卻具有遠非個人能
力所能駕馭的集體影響，這種影響往往會破
壞個人的願望。例如，任何個人都會喜愛私
人汽車所提供的自由和機動性，但路上許多
汽車所產生的總影響卻立刻會導致交通堵
塞。

在後工業社會中，貝爾認爲，與經濟化
的思想方式形成對照的社會學化的方式應該
成爲更合理的思考方式。社會學化方式努力
以更自覺的方式去判斷一個社會的需要，即
以某種明確的「公共利益」觀念去做判斷。
這涉及兩個根本問題。第一、要使所有的人
都納入社會來有意識地確立社會公正。第
二、確立公私兩類物品的各自原則。特別須
強調的是，由於作爲公共服務的社會物品的
「不可分割性」，社會物品不能服從個人需
求，而必須服從公共需求，須透過公共渠道
以合作的方式來採取行動加以解決。

社會學化方式要求各種規劃都要考慮全
面的社會效果。經濟化方式的規劃至少存在
兩個明顯的缺陷。第一是目標單一，目標幾
乎全是與當前問題有關，在運用效益和成本
分析時，也很少注意到，甚至根本不想去衡
量規劃的多種後果。第二是沒有在技術程序
和體制程序之間進行必要的劃分，換言之，
沒有在「技術」和「支援體系」之間進行必

要的劃分。傑克・伯翰（Jack Burnham）曾
經說：「當我們購買一輛汽車時，我們不再
是購買汽車這個詞的舊含義所表示的物品，
我們是在購買一個三至五年的租界權來參加
州政府認可的私人運輸系統、公路系統、交
通安全系統、工業零件更換系統、昂貴的保
險系統……。」所謂支援體系就是生產和分
配的組織，或者更一般地說，是技術發展的
經濟和法律基礎。在特定的技術和特定的支
援體系之間不存在一一對應的關係，因此兩
者之間必須做出區分。社會學化方式必須彌
補這種缺陷。貝爾認為，在這方面我們可以
做的是以不同的代價比較可供選擇的方式，
並設計出更好的體系來為社會需要服務。於
是，社會學化方式強調全國性「技術評價」
的必要性。強調：有關新技術的發展和應用
的決定不應當只是根據對發起者和用戶直接
有用與否，而必須及時考慮到使用和推廣新
技術所必須付出的長期犧牲，必須及時考慮
到往往遠離生產地和應用地的社會與環境方

面所承受的潛在的破壞性影響。為了進行全國性的技術評價，今後，將會出現一些社會決策機構，來對技術和社會變革的衍生影響做出評價，政府各部門也將在這方面被授予很大的新權力。

除了技術評價，社會學化方式也強調全方位的社會評價。舉例來說，在郊區發展上可以有三種不同的模式：一種類型是帶有私人道路和單獨的汽車房的獨門獨院；第二種是共同使用一般輔助設施的「住房群」；第三種是有大型綠化區的高層公寓。這三種發展模式會產生大不相同的「社會成本」，這種社會成本是由居民來承擔的，而不是由建築商來承擔的。以往，人們往往很少考慮這些社會成本，也不存在一種「成本總表」來幫助購買者瞭解哪種方案會使他本人和社區付出額外的代價，公共政策也從不設法做出這種決定。但是貝爾認為，明智的公共政策應當調查可供選擇的各種不同類型的成本總表，以及保持或變革現存房屋建設與發展的

體制模式的後果。這不是「干預」或「不干預」社會的問題，這是要使選擇和結果明朗化的問題。

㈡社會單位的適當規模和範圍

如上所述，在需要社會共同購買的社會物品越來越廣泛的後工業社會中，作為社會選擇和制定社會計畫的基本思想模式或者說基本原則——社會學化方式將越來越受到重視。社會學化方式強調對各種計畫都必須進行全國性的技術評價和全方位的社會評價。出於同樣的原因，即由於在一個像美國這樣的全國性的大社會中，大量的問題——教育、運輸、福利、城市復興、空氣和水的污染以及醫療等等——往往都具有超越於一時、一地的成因和影響，因而對它們的解決也就不能由州和地方一級機關來應付，而往往需要全國性社會來解決。這樣，後工業社會的社會選擇和社會計畫就凸顯了社會單位

的適當規模的問題。

　　貝爾認為，在一個面臨我們現在所遇到
的這類問題的社會中，美國現有五十個州的
組織在經濟、政治或社會方面都是毫無意義
的。新澤西、德拉瓦、羅德島或者馬里蘭之
間的界限的理論基礎是什麼？從憲法上看，
教育、福利、地方服務等等的有關問題，都
是屬於州和市政當局的權力，但是，這些實
體再也不能完成這類服務。它們的稅收基礎
是不充分的，它們的行政結構是陳舊和無效
的。而一旦注意到更下級的政府單位，則問
題就更加複雜了。地方一級政府的激增，在
協調公共項目、減少公共責任、影響多種單
位地區的決策、為現有金融資源和居民及人
類需要之間的巨大差額提供捐款等方面，都
產生了嚴重的問題。

　　問題的複雜性可以從下述事實中看到：
1962年，聖地牙哥大都市有11個下屬市；鳳
凰城有17個；休斯頓有25個；克里夫蘭有75
個；聖路易士有163個；芝加哥有246個；紐

約大都市有1400個地方政府——小村莊、學校區、污水排除區、醫療保健區、公園區、警察區，每一個都有自己範圍的權力。應該說，這些界限和歷史發展，曾經適應於當地的需要，但現在已經不再有任何意義了。空氣污染、垃圾處理以及大規模交通運輸等至少都是大都市範圍的問題。再如，只有在工業中發展了大規模生產的技術，充足的住房才能得到，但是，只要美國還存在數以千計的不同地方法規（一個都市地區的建築法規常常多達50個），研究和發展新的建築材料與建築方法，或者創造足夠大的保證大規模生產的市場就是不可能的。因此，貝爾認為，顯而易見，今後幾十年必須全面改組政府機構並使之現代化，以找到各單位的適當規模和範圍來處理適當的任務。當然，不能指望取消目前的州界，由於歷史、傳統和政治的原因，它們看來是會保留的。但是，所有各種職能都可以「分離出來」並且交由多州性或地區性的「合同單位」來承擔。自然，關

於改組的具體詳盡的現成答案是沒有的。即
使是最熱門的行政區劃問題也不是一個容易
的解決方案，因為區域的定義不是以地理為
基礎，而是根據可能完成的職能來確定的：
一個水域、一個運輸區、一個教育區以及甚
至是一個經濟區，都在地圖上有不同的顏色
「圖示」。首先必須確定哪些需要集中解
決，哪些需要分散。不過，貝爾認為，可以
確定一個原則，那就是：聯邦政府的主要職
能應該是制定政策和籌措資金方面，執行的
職能要掌握在地區、大都市以及非營利的公
司的手中，它們的規模和範圍應該和必須完
成的職能相適應。

㈢社會結算系統

　　貝爾指出，現在，我們已經學會了如何
制定經濟成長的計畫，從而看清在不同的問
題上刺激成長所必需的各種政策。已經開始
完善一種經濟報告制度並設置一些經濟指標

來估算全國的經濟狀況。但是，現在還不能
連續不斷地制定出社會變革的計畫，在諸如
住房、教育或者黑人地位等問題上，對於決
定我們的需要、確定某些目標以及衡量我們
的活動等方面，我們的準備是不足的。我們
沒有堅持去貫徹核算我們的成果、評價我們
的差距或失誤、計算社會成本和社會效益。
缺乏任何系統的評價，我們就沒有什麼標準
可以用來檢驗目前政策的效果，或者估計與
未來規劃有關的各種可供選擇的辦法。因
此，貝爾認為應該建立一種社會結算系統，
這種系統應糾正目前國民經濟結算系統的缺
陷和狹隘性，擴大我們關於成本和效益概念
並把經濟核算置於比較廣泛的結構之中，而
其最終目的則是制定一個有利於說明政策選
擇的「資產負債表」。

　　社會結算系統需要從一系列社會指標開
始，這些指標將使我們更廣泛而均衡地估量
經濟進步的意義。貝爾指出，創立社會結算
系統的努力可以推動我們從四個方面衡量我

們社會中利用人類的資源的情況：一、衡量
社會成本和發明創造的淨收益；二、衡量社
會弊病（例如犯罪、家庭破裂）；三、在內
容明確的社會需要領域內（例如住房、教
育）制定「活動預算」；四、確定經濟機會
和社會地位升遷的指標：

　　1.社會成本與淨收益。技術進展創造了
新的投資機會，這些投資可望由它們所產生
的收入增加中得到補償。但是，顯然也有所
損失。主要損失是技術變化所造成的失業，
尤其是那些老工人，在其所掌握的特定技術
被淘汰後，難於再找到職業。或者，一個地
區的新工廠可能創造新的就業機會，然而，
它的副作用——水和空氣的污染——可能對
社會造成額外支出。哪些費用應該由企業負
擔，哪些應該由社會負擔，這顯然是一個公
共政策問題。而只有當我們對實際的社會成
本和發明創造的收益有了更明確的認識時，
這些公共政策問題才能做出決定。

　　2.社會弊病的計量。每一個社會都要爲

犯罪、青少年犯罪以及家庭破裂等問題付出巨大的代價。收養兒童和精神病患者的費用也是很高的。這些社會弊病不像失業一樣有明顯的原因。然而，這些弊病和社會緊張對經濟的影響是可以估計的（如由於精神病而失去健康的工人，由於偷盜和騷亂而造成的直接財產損失）。儘管政府機構收集有關犯罪、保健、不能自立的兒童等的資料，但是卻很少把這些問題與根本的條件聯繫起來，也沒有充分估計這些弊病的代價。有系統地分析這些資料就可以提出採取補救行動的可行辦法。

3.活動預算。美國不僅致力於提高生活水準，而且致力於改善生活品質。但是，卻缺乏行動的標尺。社會結算系統包含著各個領域內作為這種標尺的「活動預算」。例如，全國住房建築預算表明我們實現「每個美國家庭都有一所舒適的住宅」的目標已經進展到什麼程度了。它還能使我們透過城市和地區確定最需要住宅的區域，以便為有效

的公共政策提供基礎。再如一系列有關居民
健康的指數，將告訴我們在滿足人民醫療需
要方面做到了什麼程度。

　　4.經濟機會和社會升遷指標。貝爾指
出，早就有人提出應該建立一個逐年的或者
至少是每十年爲期的總指數，以用來衡量諸
如黑人社會地位的變化等。從嚴格的方法論
意義上看，也許不可能有一個「全面指
數」，但是，我們可以收集各種具體指標。
設想一個表示人力資產的「價值」指數一度
似乎是不可能的，但是最近創造的「畢生收
益能力指數」給了我們一種尺度來反應與教
育水準提高、衛生狀況改善以及減少歧視有
關的收入改善狀況。社會學家制訂的關於社
會地位升遷數據，可以告訴我們美國是否有
眞正的機會均等，並能指出實現均等的障礙
（例如不平等的就學機會）。經濟學家有一
個術語叫「機會成本」，它可以使我們計算
出同一資源移作他用時的直接原本或收益。
「社會機會」成本則可能使我們計算出使用

至今尚未利用的人類資源所可能得到的收
益，並且根據社會成本和社會收益來衡量各
項可供選擇的社會政策。

貝爾指出，上述這些建議有一個基本的
假設，即：社會如能看清廣泛的國家目標，
那麼它就能更好地估計社會成就、社會需要
和社會的缺陷。確定這類目標的定義必然是
一個連續不斷的發展過程，其中社會結算系
統將成爲一項工具來指明最急需的領域。

以上即是對貝爾的後工業社會理論的簡
單介紹。從中我們看到，貝爾的後工業社會
理論著眼於社會結構軸心的變遷，著重強調
了服務業的發展和理論知識生產的重要作
用，同時又分析了社會結構的變遷對政治所
帶來的影響和問題。貝爾以翔實的資料敍述
分析了體力勞動的減少，白領工作、服務業、
專業團體的迅速增多，用於高等教育、研究
和發展的費用增長。隨著社會由製造業占主
導地位轉向服務業占主導地位、由受商品生
產的支配轉向受理論知識生產的支配，一種

新的社會結構就誕生了。貝爾分析了服務業的增長給勞工運動帶來的新問題，更著力分析了在理論知識占主導地位的後工業社會中權力結構的變化。在後工業社會中，科學、經濟學和電腦領域的研究都是理論指導著經驗研究。科學家、數學家、電腦專家和經濟理論家升居要位，形成了貝爾所謂的「知識階級」，這個專家—科學家階級把自己的知識用於組織社會整體，因而終將把其職業價值觀念散播於全社會。後工業社會是一個科技治國、能者統治的社會。斯溫傑伍德指出，貝爾理論中最重要的內容，就是「它提倡一種有計畫的、集權的、合理化的和官僚化的社會制度，認為這是不可避免的歷史趨勢。」

　　應該說，貝爾在後工業社會理論中提出的一系列觀點對於當代西方社會正在出現的基本變化是具有相當說明力的，對於我們認識當代西方社會的發展趨勢和前景也不無幫助。也正因此，它們才會在學術界廣為傳播，

「後工業社會」這個詞在貝爾使用之後也立刻成為社會學文獻中的一個基本詞彙。當然，不可避免地，貝爾的後工業社會理論也受到了各種不同角度的批評。

一種批評意見認為，貝爾的著作雖然描述了許多現代工業社會正在出現的變化，但是他誇大了理論知識的獨立性的意義。批評者指出，在許多當代社會中，國民生產總值用於純科學的分額要大大小於投入到應用研究和傳統領域研究的分額，研究和發展尚未受到理論知識的支配。

另一種批評意見所針對的是所謂貝爾理論中最重要的內容，即「它提倡一種有計畫的、集權的、合理化的和官僚化的社會制度。」貝爾認為，後工業社會是「脫離以私人企業市場體系為基礎的社會，而走向政治上以明確規定的『目標』和『重點』來做出重大決策的社會。」即它假設市場力量作為組織與變化的軸心終將消失，但是過去幾十年對純經濟理論的發展做出了最重要的貢獻

之一的貨幣主義，卻一貫強調市場力量對形成民主制度的關鍵作用，並極力論證政府、集權當局及官僚組織親自參與經濟管理和組織的不適當性。事實上，貝爾的上述觀點和他自己聲明的「我在政治上是自由主義者」的價值取向之間也存在著緊張性。

　　後工業社會理論的馬克思主義立場的批評者多強調階級不平等和階級衝突的持久性，強調經濟資源仍集中在少數人手中。貝爾認爲知識已代替財富而成爲權力的主要源泉。批評者指出，貝爾只是證明了現代社會越來越依賴那些擁有知識的人們的活動，卻沒有說明知識和權力究竟有什麼關係。事實上，有知識的人的雇主對他們活動的影響遠比他們自己要大得多。

註釋

①不過，貝爾也指出了美國在邁向服務性經濟的
過程中所面臨的一系列限制。第一是生產率方
面的限制。由於服務業是人與人之間的關係而
不是人與機器的關係，在服務業中以機器代替
人力比在商品生產中困難，因此服務業生產率
不如工業生產率提高得快。第二種限制是通貨
膨脹。貝爾指出了三種導致通貨膨脹的因素：
(1)政府的欺騙行為，例如1968年以來詹森總統
隱瞞美國在越南戰爭中的開支，而放到以後的
年代償付；(2)勞資談判帶來的工資增長；(3)壟
斷企業制定價格的能力。強大的工會代表工人
要求資本家提高工資，資本家有能力「統制」
價格，結果總是把工人工資增加的部分轉嫁到
公眾的頭上。其中，服務業人員的工資增加得更
快。貝爾發現，從1965到1970年，汽車的價格
上升了15％，耐用商品的價格上升了18％，而服
務業的價格則上升了42.5％。自從1970年以來，

美國通貨膨脹一直在上升，解決這個問題的前景很暗淡。第三種限制是美國製造業產品定價過高而在世界市場上銷路下降，從而，進行社會實驗的餘地就更少了。第四種限制是政體本身的競爭要求大量增加，公共機制成了產品的分配者，公共選擇決定服務，而不是市場與個人需要決定服務。

②1947年，美國工會會員占勞動力總數的百分比為22.9％，1970年為22.6％；非農業企業職工中，工會會員的百分比1947年為31.7％，1970年為27.4％。在貝爾寫完《後工業社會的來臨》之後的八〇年代，美國工會會員占勞動力總數的比率迅速下降，到八〇年代末，工會會員占勞動力總數的比率已只有15％。 (S. Crook, J. Pakulski and M. Waters, *Postmodernization,* London: Sage, 1992, P.134.)

③因此，貝爾的觀點和早期的科技治國論者有一點明顯的區別，早期的科技治國論者認為，在一個科技治國的社會裡，政治將會消失，對人的管理將會變成對物的管理，所有的問題都將由專

家來決定。貝爾則認為情況更可能是：「後工業社會將會比以往包含著更多的政治，因為，選擇成了有意識的選擇，決策中心更容易為人們所看到。市場社會的本質是把責任分散，使『生產』決策由分散的消費者的多種多樣需求來指導。但是，把資金分配給一個科學項目而不分給另一個項目的決定，卻是由一個政治中心而不是由一種市場做出的。」

④在《資本主義文化矛盾》中，貝爾又系統的指出了共同從結構上改變了市場系統的五種因素：(1)對經濟成長和生活水準提高的習慣性期待，在價值變化的潮流中，這種期待已經轉化成普遍的「應享」意識；(2)對於沒有足夠的資源來滿足形形色色互相矛盾的欲求和無法調和各種不同的價值觀念，因而「選擇」成為不可避免的認識；(3)承認經濟具有巨大的「溢出」效果；(4)全球性的通貨膨脹，這種通貨膨脹並非短暫的因素，而是現代經濟的結構性成分；(5)有關經濟和社會的關鍵決策逐漸集中到政治中心，而不再是透過多種聚合性市場進行調節，這

不是思想轉變的結果，而是西方政治的結構變
化所致。「本世紀近二十五年的基本政治現實
是國家指導性經濟迅速擴展。……最近二十五
年來，我們逐步轉向國家管理的社會（state-
managed societies）。」不過貝爾同時又認
為，美國不太可能改變為「共有國家」（Corpo-
rate state），這是因為「人們將不會歡迎在美
國出現這種國家指導下的經濟體系。」大公司
普遍厭惡政府調節；激進派，無論是左翼還是
右翼，都日益懷疑政府計畫。特別是，「國家管
理將會是一個笨重而官僚氣十足的怪物。它在
各種公司和民眾團體要求補貼和應享權利的四
方爭奪下被扭成一團，同時又吞食越來越多的
政府專款，膨脹成一個真正意義上的利維坦。」
⑤這裡所涉及的其實是福利經濟學的一個核心問
題。正統的福利經濟學理論是由A‧柏格森和P‧
S‧薩謬爾遜建立的，他們認為帕累托效率僅是
社會福利最大化的必要條件，合理的分配才是
社會福利最大化的充分條件。他們提出了柏格
森──薩謬爾遜社會福利函數，該函數可將個

體的偏好加總成爲社會的偏好，但是，五〇年代
K・阿羅證明了「不可能性定理」，揭示出柏格
森——薩謬爾遜的社會福利理論存在著邏輯和
哲學問題。阿羅定理表明，若將個體的偏好加總
成爲社會的偏好，不存在一種完美的方式，即不
存在集體決策的完美方式。阿羅的結論像捅了
馬蜂窩一樣，在福利經濟學界引發了曠日持久
的爭論。而自七〇年代以來，1998年度的諾貝爾
經濟學獎得主阿馬蒂亞・森 (Amartya Sen)
逐漸地對福利經濟學的理論基礎進行了批判性
重建。森認爲正統的福利經濟學太缺乏「訊息
基礎」，無法測定出社會福利；他進一步提出，
我們除了關注個人的顯示性偏好外，還必須接
受現實世界相關的訊息，這些訊息包括人們基
本的潛在能力的分布和需要的滿足。森爲此採
用和發展了阿羅所開創的社會選擇理論，在其
《集體選擇與社會福利》一書中，他對阿羅定
理的公理性條件進行了規範，並提出了幾種阿
羅定理的變型與擴展形式。

第五章
資本主義文化矛盾

在《後工業社會的來臨》中，貝爾曾表示：「在這本書裡，我主要致力於社會結構和後工業社會的政治影響的研究。以後我還將寫書探討後工業社會和文化的關係。」在《資本主義文化矛盾》的〈初版序言〉中，貝爾又開宗明義地指出：「本書與我的前一本著作《後工業社會的來臨》互為補足。在前一本書中，我力圖說明，技術（包括知識）和理論的高度集約化，正作為創造發明和指定政策的新型原則，日益改造著技術──經濟體制，並導致社會本身的科層化。這本書裡，我將討論文化問題，尤其是關於現代主義文藝的思想，以及如何在社會價值觀注重無拘束欲望條件下管理複雜政治機構的難題。我對於資本主義矛盾的認識，來自對它原有文化和經濟複合體的拆解分析，亦關係到我對社會上目前流行的享樂傾向的關注。」因此，《後工業社會的來臨》和《資本主義文化矛盾》兩書在貝爾的學術思想內容結構上堪稱互補的姐妹篇。

　　有意思的是，上述這兩本書在貝爾的思
想結構上雖然互相補充，但是，貝爾本人對
於這兩本書所揭示的現象所抱持的態度立場
卻截然不同。在與貝爾緊密相連的三大觀念
中，對於前面所述的兩大觀念所針對的現
象，貝爾基本上持的是肯定態度：他明顯地
歡迎意識形態的終結，也輕鬆坦然甚至是樂
觀地接受後工業社會的來臨。但是，對於第
三大觀念所針對的現象，即當代文化為無法
克服的矛盾所撕裂的現象，貝爾則從他的價
值立場出發明確地表示拒斥、否定和批判的
態度。在貝爾看來，文化，作為意義的領域，
作為為人類生命過程提供解釋系統、幫助他
們應付生存困境的一種努力，應該給它的奉
行者提供關於什麼是眞、什麼是善、什麼是
美的清晰無誤的意識，應該具有對於超經驗
信仰或宗教的規範性的傾向，以便提供一套
共同的行動判斷標準。但是，在當代文化中
卻沒有任何權威重心，無論是政治的、道德
的還是藝術的，有的只是零碎的意見、五花

八門的時尚、無止盡的自我放縱，消費主義蔓延，藝術和道德標準分崩離析，價值體系渙散。立足於他的文化保守主義的立場，貝爾對當代文化所呈現的那種混亂和自相矛盾的特徵深感震驚和憂慮，並對它進行了總體性的批判。

除了貝爾本人對《後工業社會的來臨》和《資本主義文化矛盾》兩書所揭示的現象所抱持的態度立場不同，另一有意思的現象是，不同的讀者對於這兩本書的反應也呈現出明顯的區別。《後工業社會的來臨》由於其明顯地帶有技術決定論和線性發展觀的傾向，因而其思想學術價值在學術界特別是在批判社會學家的圈子中受到較多的懷疑，但是，它在普通讀者中卻產生了很大的影響，獲得了公眾的廣泛認可。相反地，或許是由於它對當代資本主義的文化內涵的批判是如此尖銳，《資本主義文化矛盾》一書在從事文化理論研究的學者中間獲得了普遍的青睞，貝爾本人也因此而和傅柯（Michel

Foucault)、詹明信（Fredric Jameson)、布希亞（Jean　Baudrillard)、哈伯瑪斯（Jurgen Habermas）等人一起被歸入了當代文化理論大師的行列，但是，與此形成鮮明對照的是，貝爾在文化問題上的發言在普通讀者當中卻沒有產生像《後工業社會的來臨》那樣廣泛的影響，「資本主義文化矛盾」這個詞彙在大眾中也遠沒有「後工業社會」那麼響亮。

　　不過，平心而論，貝爾關於文化問題的研究和寫作雖然沒有像關於「後工業社會」的言論那樣在社會大眾中產生廣泛的影響，但是，在貝爾的社會學內容體系中，文化相較於政治和社會結構可能是更重要的領域。之所以這樣說，是因為，貝爾認為當代資本主義社會變革的模式或者說節奏已經改變，而文化領域則是這種模式變革的動力核心之所在。「就社會、團體和個人而言，文化是一種借助內聚力來維護本體身分（identity）的連續過程。這種內聚力的獲得，則靠

著前後如一的美學觀念、有關自我的道德意
識，以及人們在裝飾家庭、打扮自己的客觀
過程中所展示的生活方式和與其觀念相關的
特殊趣味。文化因而屬於感知範疇，屬於情
感和德操的範疇，屬於力圖整理這些情感的
智識的領域。」

　　在西方工業社會的大部分歷史中，變革
一直主要導源和發生於技術──經濟領域，
在這個領域中，資本主義的生產方式驅使農
民離開土地、進入工廠，強制推行新式工作
節奏和紀律，採取野蠻處罰或物質刺激手段
增加資本等。而文化領域的變革則舉步唯
艱，家庭生活習慣、對宗教和權威的敬畏，
以及影響人們對現實看法的那些思想等，都
依然故我地延續著自身的步伐；並且，文化
領域如果有什麼變化的話，也是圍繞著（社
會結構）秩序和工作要求形成自己獨有的品
格構造。但是，如今，社會變革的傳統模式
已被翻轉過來。「由於宗教倫理遭受嚴重侵
蝕，個人收入的自由支配部分大幅度增加，

致使文化掌握了變革的主動權，而經濟領域
日益被動員起來去滿足新的要求。」換言
之，經濟逐步轉而生產那種由文化所展示的
生活方式。貝爾分析了兩個相輔相成的原
因，以說明爲什麼文化會變得「至高無
上」，爲什麼「藝術家想像力所造就的事
物，無論它多麼昏暗不明，總會預兆出明天
的社會現實。」首先，文化自身已成爲當代
西方文明中最具活力的成分，目前的藝術，
已不再只是著眼於對於傳統的再生產，相反
地，它呈現一種追求新穎和獨創的主導性衝
動以及尋求未來表現形式與轟動效果的自我
意識；第二，社會不再像過去那樣把文化看
成是傳統與規範的力量和源泉，社會承認了
文化的衝動力，從而使它獲得了合法性。於
是，如今的文化就擔負起前所未有的使命：
它變成了一種合法合理的、對新事物永無休
止的探索活動。

　　文化的這種「自主化」（autonomiza-
tion），貝爾認爲，對社會學這門學科、對既

有的社會理論提出了新的問題。他舉馬克
思、韋伯和皮蒂里姆・索羅金 (Pitirim Soro-
kin) 為例，認為古典社會理論基本上都建
築在文化和社會結構的一致性上，建築在思
想、行為和社會結構的密切相關之上。貝爾
進而明確指出：「社會學作為專門學科是建
築在下述設想上的：社會中的個人或群體之
所以有不同行為，是因為他們在社會結構中
屬於不同階級或占有不同地位。個人地位既
然千差萬別，也就會依據諸如年齡、性別、
職業、宗教和城鄉分布等明顯的共同社會屬
性，在利益、態度和行為方面產生系統性差
異。這種推斷的根據是，社會屬性以特殊的
方式——通常從社會階級上去認定——聚集
成形，致使人們在選舉行為、消費習慣、養
育子女等方面呈現出階級或地位上的差異，
並且可為人預測。」但是，日益明顯的是，
如今，人們在社會結構中所處的社會地位和
他們的文化氣質之間的相對關係已不復成
立，特別是當人們以工人階級、中產階級或

上層階級的粗略分類來考慮問題時，情況更
是如此。隨著在經濟領域中被社會學家稱爲
「自由支配性收入」的大幅度增加，以及高
等教育的普及和社會寬容態度的推廣，人們
的隨意型社會行爲（discretionary social
behavior）的範圍得到了大大的擴展。而當
傳統的社會階級結構陷於瓦解時，在個人經
歷和成長過程中的那些特殊的方面就日益變
得比既定的社會屬性更重要了，越來越多的
人傾向於根據他們的文化趣向和生活方式來
相互認同，而不再拘泥於社會結構中所處的
地位的類同與否。文化成了社會學行動
（sociological action）的來源。

　　如果上述的一切都是事實，即在當代資
本主義社會中，文化已變得至高無上君臨天
下，已成爲「社會學行動」的來源，那麼，
貝爾下述對於當代資本主義文化的分析考察
比起他對於後工業社會的論述來說，可能意
義要更大些。

一、三領域之間的對立

　　貝爾有關當代資本主義文化總體批評的理論出發點就是他的三領域對立學說，即他認為，資本主義歷經兩百餘年的發展與演變，已形成它在經濟、政治和文化三大領域之間的根本性對立衝突，隨著後工業社會的到來，這種價值觀念和品格構造方面的衝突將更加凸出，難以遏制。

　　在本書的第一章中，我們已經指出，貝爾的社會學方法論與馬克思、涂爾幹、帕森斯等人認為社會由某種單一的決定性原則約束與運行的整體論觀點不同，他認為，社會可分為相互獨立的三大領域，即社會結構（技術——經濟）領域、政治領域和文化領域，彼此之間並不存在簡單的決定與被決定的關係，它們各自具有自己運行的軸心原

則、軸心結構等等。貝爾承認，這三個領域雖然相互獨立，但在運行中確實並不一定相互對立衝突。但是，他又指出，這三個領域各自變革的方向和模式，或者，用貝爾經常使用的術語來說，變革的節奏是根本不同的。技術──經濟體系的變革是直線型的，這是由於經濟化（economizing）為發明、淘汰和更新提供了清晰明確原則（功利和效益原則），根據這種原則，生產效益高的機器、技術、工藝程序、組織形式自然地會取代效益低的。這其中的含義就是進步。

　　但是，在政治領域中就不存在這樣的原則。在此，變革的模式在於在彼此對立的構造（configuration）之間的選擇。人們可以在寡頭政治的效率和民主政治的平等之間進行選擇，在精英統治的專長技能和大眾社會的平面同質之間進行選擇，在中央集權的統一傾向和聯邦體制的地方主義之間進行選擇等等。這些選擇的最終確定是各種政治利益群體之間相互作用的結果。貝爾認為這些相

互作用的結果並不一定決定於這些群體之間的鬥爭衝突，或者決定於一些群體對於另一些群體的直接服從，相反地，他認爲，在現代政治中，選擇的最終確定往往是談判和討價還價的結果。政治過程就是利益之間的買賣交易。

文化的變革模式又與此不同。文化來源於所有人類面臨的生存環境，不受時代的限制，基於意識的本質：例如怎樣應付死亡，怎樣理解悲劇和英雄性格，怎樣確定忠誠和責任，怎樣拯救靈魂，怎樣認識愛情與犧牲，怎樣學會憐憫同情，怎樣處理獸性與人性間的矛盾，怎樣平衡本能與約束。因此，在文化的變革中始終存在著一種回覆（recursive）或者說回躍（ricorso），即是它總要不斷地轉回到人類生存的那些核心的老問題上去，這些問題有一種「內在的牽引力」（inner pull）使人們總要回過頭去思索他們的境遇和生存的意義。這樣，文化就與經濟和政治不同，由於所面臨和所要回答的生

存的根本問題並沒有變化，因此，它在變革
中並不否棄過去。正如貝爾所恰當表述的：
「布雷茲代替不了巴赫。新的音樂、繪畫或
詩章只能成為人類擴展的文化庫存的一部
分，豐富這一永久的儲藏，以便其他人能夠
從中汲取養分，用新的風格重塑自己的藝術
經驗。」而在保留過去時，文化又可以有兩
條生長展開的途徑。其一是，它可以在一種
傳統內部生長發展，依傍既有的風格形態，
而不逾越雷池一步。另一個是，它可以出入
採擷於多種不同的文化傳統，走異質合成
（syncretism）的途徑。貝爾認為，這種異質
合成既可以施用在藝術中，也可以體現在宗
教中。第一種途徑主要是在「靜止的社會」
中；而第二種途徑，作為文化交流的結果，
主要是在狹隘的區域社會或地方文化已經瓦
解的現代社會中。「現代文化的特徵就是極
其自由地搜檢世界文化倉庫，貪婪吞食任何
一種被抓到手的藝術形式。這種自由來自它
的軸心原則，就是要不斷表現並再造『自

我』，以達到自我實現和自我滿足。在這種
追求中，它否認經驗有任何邊界。它盡力擴
張，尋覓各種經驗，不受限制，遍地發掘。」
異質合成「在表現宇宙空間的傑作中摻進了
非洲部落面具和日本方字印刷，將斷了根的
東方鬼神與西方宗教滙入現代的沉思意識之
中。」

　　正因爲每一個領域都有各自不同的變革
節奏和變革途徑，貝爾指出，每一個領域於
是也就擁有它自身獨立的歷史。在某些特定
的時期，呈現在各個領域中的形態結構可能
會趨於同步狀態，從而，在它們之間出現偶
然的協調統一。貝爾認爲，十二世紀的歐洲
以及作爲資產階級社會之鼎盛期的十九世紀
最後三分之一就屬於這樣的時期的典型。但
是，在其他大部分時間中，各個領域之間往
往是分離斷裂的，它們的標準規範在經驗層
面上往往相互對立衝突。這種領域之間的斷
裂是社會緊張的結構性根源，因而也就是社
會變革的支點。和整體主義的社會理論相

反，貝爾的理論取向實際上告訴我們，三個
領域之間的斷裂衝突是社會的常態，而在當
代社會中則變本加厲了。貝爾明確地指出了
當代社會中各個領域之間存在的緊張衝突：

　　1.技術──經濟體系（社會結構）強調
的是講等級、重權威的科層體制，而政治則
強調平等的參與和被統治者的同意。

　　2.技術──經濟體系崇尚效率和節儉的
美德，而文化則縱容放逸揮霍。

表5-1　一般社會圖式

領域	技術—經濟體系（社會結構）	政治	文化
軸心原則	使用工具以增加資源	合法權力的規定	生存的意義
軸心結構	生產的組織	統治的制度	審美和宗教的權威
中心價值關懷	與自然的關係	正義	超越
個體之於社會秩序的關係	工具性手段	法律上的地位（Jural standing）	由終極（ultimate）定義的自我的意義
變革模式	直線型的	選擇的	回轉重複的

3.技術——經濟體系重視角色分割和專業分工，而文化則強調作爲整體的自我的滿足和實現。

在此，我們不妨把貝爾關於社會三領域的一般圖式及其在當代資本主義社會中的體現分別表示成**表5-1**和**表5-2**，以資比較。

表5-2　當代社會中彼此斷裂的諸領域

領域	技術—經濟體系（社會結構）	政治	文化
軸心原則	功能理性	平等	自我實現
軸心結構	科層體制	代表制	意義和作品的再生產（Reproduction of meanings and artefacts）
中心價值關懷	物質增長	被統治者的同意	新奇與原創
個體之於社會秩序的關係	角色分割	共同參與	作爲整體的人的主權（Sovereignty of the whole person）

　　除了上述三個領域之間的衝突，貝爾進
一步又指出，這些領域之間的衝突進而又導
致了每個領域內部的矛盾：

　　1.技術——經濟體系一方面竭力鼓勵勤
奮工作的倫理，據此，工人應該努力從事生
產，但同時又存在著一種享樂主義的倫理，
據此，工人又應致力於消費。

　　2.文化一方面爲傳統資產階級藝術的崩
潰和前衛派的勝利而彈冠相慶，但同時又承
認現代主義自身的內在衝動在面對大衆化之
下已經耗竭，前衛派已經壽終正寢；一方面
驅動世俗化，但同時又對世界的祛魅憂心忡
忡。

　　3.政治一方面謀求爲社會中不斷擴大的
非生產性成員 (non-productive claiment)
提供物質權利的保障，但同時又試圖保護公
民擁有他們自己的所有生產性勞動成果的權
益；一方面在二十世紀的經濟危機和政治運
動的推促下迫使政府集中權力，擴充官僚機
構，管以前不管之事，另一方面又因不斷向

縱深推進的平等呼聲而逐步將傳統政治代議
制延展爲基礎寬大的直接參與制。

如此等等，貝爾認爲，未來就存在與對
解決這些矛盾的努力之中。而要解決這些矛
盾，哪怕是提出可能解決這些矛盾的粗疏的
方案，就必須仔細破解這些矛盾的根源。而
上述這種破解的途徑，即利用現代社會學的
虛擬演繹方法，爲三大領域分別設計出各自
的軸心原則與「理想類型」，以此勾勒基本
輪廓，歸納並分析其中的結構差異的方法，
只是認識這些矛盾成因的一個焦點，單憑這
種靜止而封閉的抽象研究方法無法表現出事
物演進的複雜過程。因此，還需要另一個認
識的焦點，即歷史的焦點，從歷史的和經驗
的角度來考察和分析上述矛盾的根源。於
是，貝爾又以大量篇幅對資本主義文化矛盾
的潛在根源做出了百年回溯和斷代分析。

二、資本主義文化矛盾的
歷史根源

　　貝爾對當代資本主義文化矛盾的歷史根源的追踪研究起步於韋伯和桑巴特（Werner Sombrt）。在《新教倫理與資本主義精神》中，韋伯以精巧深刻的歷史考察揭示了獨特的、非理性的、不近人情的喀爾文教義如何催化促進了理性資本主義的興起。韋伯指出，在喀爾文教義中有所謂的「命運前定說」，亦即上帝是一超越的存在者，他的意旨超越人類所能理解的範圍之外，上帝「以他那不可思議的聖諭規定了每個人的命運，並且永恒地規定了宇宙間最瑣碎的細節。既然聖諭不可改變，那麼得到上帝恩寵的人就永遠不會失去這一恩寵，而上帝拒絕賜予恩寵的人也就永遠不可能獲得這一恩寵。」這樣一種嚴峻的、苛刻的教義，使聽恕教徒懺

悔的制度完全消失。信徒必須面對自己已定
的命運，不能憑藉教會與聖禮以獲救。牧師
不能幫助他，聖禮不能幫助他，教會不能幫
助他，連上帝也不能幫助他。這使信徒內心
產生空前的孤獨感和永久的焦慮，而這正是
激勵喀爾文敎徒發展他們的倫理態度的心理
動力。

　　對敎徒來說，永恒的救贖是人生最重大
的事，因此，對他最重要的一個問題是：他
如何才能確知自己是否是上帝的選民？用什
麼來識別恩寵的確證？喀爾文敎義的答案是
「憑藉一種有助於增加上帝榮耀的基督徒行
為」。這種行為可以從上帝的意旨知道，而
上帝的意旨「或者直接透過《聖經》來啓
示，或者間接地在他所創造的有意義的世界
秩序（自然）中體現出來。」因此，基督徒
在現世的生活，就必須根據上帝的戒律，並
且為了上帝的目的而組織起來，徹底理性
化、規範化。這樣，追求救贖之基督徒的生
活，便是在俗世中克服自然狀態，以擺脫不

合理的衝動，服從於有計畫之意旨的支配，
並愼重地反省自己行爲的倫理意義，把自己
的行爲置於嚴格的自我節制之下。奢華懶惰
是罪惡，必須嚴加懲戒，勤儉致富是「天
職」，可以確證恩寵。財富與罪惡之間的等
號消除了，富蘭克林式的資本主義精神獲得
了合法性。這就是新教倫理之「入世的禁欲
苦行主義」（asceticism in the world）。
換言之，喀爾文那種極端非理性的宗教教義
所造成的心理焦慮，使教徒因嚮往來世而仰
仗上帝的意旨在俗世內將日常生活理性化，
並且由於渴望恩寵與上帝意旨之不可知之間
所形成的倫理緊張，使得這種在俗世內將生
活理性化的倫理要求系統化，並滲透到一切
社會意識中，因而促成了「以天職觀念爲基
礎的理性的生活態度」這一現代資本主義精
神的基本構成要素。

　　貝爾指出，至今關於資本主義的流行理
論，主要都是在韋伯的上述思想影響之下形
成的。但是事實上，貝爾透過自己的追踪研

究發現，資本主義有著雙重的起源。如果說
韋伯突出說明了其中的一面：禁欲苦行主
義，那麼，它的另一面則是由桑巴特長期遭
到忽視的著作中闡述的中心命題：貪婪攫取
性（acquistiveness）。在《資產階級論》
中，桑巴特列舉了六種「資本主義的從業
者」：海盜（十六世紀英國橫行海上的殘忍
匪徒）、地主（即轉而經營礦山和鐵工廠的
資本家式農莊主，曾於十八世紀初出現在法
國）、「公眾的僕人」（類似於法國十七世
紀財政總長柯爾培爾那種重商主義者）、投
機商（像利用英國國債進行海外投資的南海
公司）、貿易商（原先是掮客，後來開辦企
業）；以及工匠師傅和工坊主，他們後來成
爲製造商。桑巴特還認爲，早期資本主義工
商業的主要活動區也不在荷蘭、英國或美國
這些新教國家，而是集中在佛羅倫斯這樣的
城邦中。

　　要確定早期資本主義活動到底有多少種
起源以及其準確的地理位置也許有困難，但

是，貝爾指出：「有一點很明顯，即從一開
始，禁欲苦行和貪婪攫取這一對衝動力就被
鎖合在一起。前者代表了資產階級精打細算
的謹慎持家精神；後者體現在經濟和技術領
域的那種浮士德式騷動激情，它聲稱『邊疆
沒有邊際』，以徹底改造自然爲己任。這兩
種原始衝動的交織混合形成了現代理性觀
念。而這兩者之間的緊張關係又產生了一種
道德約束，它曾導致早期征服過程中對奢華
風氣嚴加鎭壓的傳統。」貝爾把禁欲苦行主
義定義爲資本主義的「宗敎衝動力」，而把
貪婪攫取性定義爲資本主義的「經濟衝動
力」。在資本主義上升時期，這兩者糾纏難
分、相互制約。

　　回頭再看問題焦點之所在的文化領域。
貝爾指出，資本主義的興起使藝術家擺脫了
敎會和王室的贊助庇護，開始按自己的意願
創作，從而得以充分發揮他們浮士德式上天
入地的想像和追求。在文化發展過程中，這
種對獨立的追求，以及要求擺脫庇護人和一

切束縛的意志，都反應到現代主義（貝爾認
為，現代主義精神像一根主線，自十六世紀
以來貫穿了整個西方文明）和它極端的有關
無拘束自我的觀念之中。因此，資本主義經
濟衝動和現代文化發展一開始就有著共同的
根源，即是有關自由和解放的思想。它在經
濟活動中體現為「粗獷樸實型個人主義」
（rugged individualism），在文化上體現為
「不受約束的自我」（unrestrained
self）。資產階級的企業家和藝術家雙方有
著共同的衝動力，這就是那種要尋覓新奇，
再造自然，刷新意識的騷動激情。然而多少
讓人感到奇怪的是，就是資產階級企業家和
藝術家這樣一對在一開始同根同欲的雙生
子，在以猛力的方式合力完成了資本主義的
開發工作之後，「很快就變得相互提防對
方，害怕對方，並企圖摧毀對方。」資產階
級企業家在經濟上積極進取，貪得無厭，卻
不妨礙其成為道德與文化趣味方面的保守
派。資產階級的經濟衝動力被導入高度拘束

性的品質構造，它的精力都用於生產商品，並形成了一種懼怕本能、自發和浪蕩傾向的工作態度。他們本能地維護經濟和社會制度的穩定，反對與「功能理性」背道而馳的藝術靈感、自發傾向和多變趣味。而與此相反，代表著文化衝動力的藝術家則在一再把人字大寫的同時，展開了對上述資產階級價值觀的憤怒攻擊，他們厭惡功利、理性和物質主義的枯燥無味，抨擊資產階級自身既缺精神生活又少放縱，撻伐現代企業的樓房裡充滿了「殘忍的、無法調換的正規」生產氣氛。「從波特萊爾到藍波到艾爾弗雷德・傑瑞，這些藝術大師都樂意開創新的經驗，同時又痛恨資產階級的生活。」近百年來，西方現代藝術家就這樣以決絕和叛逆的姿態，專事對資本主義傳統價值體系的拆台和否定工作，並逐步建立起了與經濟體制嚴重衝突的「文化霸權」。①

　　為什麼會出現這樣的情況？貝爾的回答是，企業家和藝術家的衝突只是徵象，而病

因在於資本主義精神中相互制約的兩個基因
中，只剩下了一個「經濟衝動力」，而另一
個至關重要的因素，即「宗教衝動力」則已
被科技和經濟的迅速發展耗盡了能量。對
此，貝爾以美國清教傳統和小城鎮心理為
例，細緻地闡明了它的衰竭過程：代表著宗
教衝動的禁欲與節制精神先是被世俗法制社
會碾去神學外殼，繼而被工業時代的現實主
義文學、實用主義哲學和科技理性割斷了它
的超經驗紐帶，最後，二十世紀初的新文化
運動和分期付款、信用消費等享樂主義觀
念，又徹底粉碎了它所代表的道德倫理基
礎，將社會從傳統的清教徒式的「先勞後
享」引向超支購買、及時行樂的消費心理。
而西方資本主義制度一旦失去了宗教苦行主
義的束縛，它在經濟和文化兩方面的發展就
必然會畸形冒進，相互抵牾。一方面，「從
歷史的角度看，『經濟衝動力』一直受到遏
制。……隨著『宗教衝動力』的耗散（這是
一段自行發生的複雜歷史），對經濟衝動力

的約束也逐漸減弱。資本主義因其旺盛生命
力獲得了自己的特性——這就是它的無限發
展性。……毫無侷限。無所神聖。變化就是
常規。」另一方面，「當工作與財富得到宗
教的核准時，它們就擁有超經驗的正當意
義。一旦此種倫理觀念消失，它們的合法性
也隨之而去。」在經濟衝動力成為社會前進
的唯一主宰後，世上萬物就被剝去了神聖的
色彩。貝爾斷言：「當新教倫理被資產階級
社會拋棄之後，剩下的只是享樂主義了。資
本主義制度也因此失去了它的超經驗道德
觀。有人爭辯說資本主義是自由的基礎，也
是提高生活水準和消滅貧困的基礎。很清楚
地，自由本身對特定的歷史傳統的依賴要大
於對資本主義制度的依賴；而資本主義保障
經濟成長的能力在今天甚至也產生了疑問
……一旦社會失去了超經驗紐帶的維繫，或
者說當它不能繼續為它的品格構造、工作和
文化提供某種『終極意義』時，這個制度就
會發生動盪。」

除了使資本主義喪失道德或超經驗的倫理觀念，從而導致文化準則和社會結構（經濟）準則的脫離之外，放棄清教教義和新教倫理的結果，也暴露出社會結構自身極其嚴重的矛盾。一方面，商業公司作為生產的領域還希望人們努力工作，樹立職業忠誠，接受延期報償理論，希望人們成為「組織人」

(organization man)。另一方面，公司的產品和廣告卻助長快樂、狂喜、放鬆和縱欲的風氣。「人們白天『正派規矩』，晚上卻『放浪形骸』。這就是自我完善和自我實現的實質。」

與此同時，個人主義或自我中心的享樂主義價值觀也給政治體系提出了難題。貝爾認為，政治從來都是利益和象徵性表達（即意識形態，或者是對個人或組織的感情）的化合物。人們可以放棄利益而仍然堅持信仰；也可以放棄信仰而仍然和社會發生利益上的利害關係。但是，一旦對社會及其組織機構的信任遭到毀滅，一旦各種利益不能獲

得它們認爲有權獲得的承認，那麼炸藥包已經備好，只等點燃起爆了。如第四章所說，在後工業社會中，一個民主政治體系將需要越來越多的社會公共事業以滿足人們的要求。但是，個人主義的享樂主義卻使資產階級反對政府借助道德或稅收對他們的欲望加以束縛。社會上的個人主義的精神氣質，其好的一面是要維護個人自由的觀念，其壞的一面則是要逃避群體社會所規定的個人應負的責任和個人爲社會應做出的犧牲。西方社會如今所面臨的困境，就在於要把這些相互矛盾的東西聯合成一體。貝爾認爲，這，有待於人人都獻身於一個「公衆家庭」。（貝爾有關「公衆家庭」的論述，請見本章第四節。）

三、現代主義

　　如前所述，資本主義的合法性原來建立
在視工作爲神聖事業的新教觀念上，並依賴
從中滋生出來的一種道德化報償體系。現
在，這一切已爲鼓勵人們講求物質享受與奢
侈的享樂主義所取代，資本主義因而已失去
了它傳統的合法性。但是資本主義文化的災
變不僅體現在導致資本主義傳統合法性的喪
失，而且還表現在現代社會中文化本身的聚
合力以及文化能否在日常生活中提供一套全
面的、或超經驗的終極意義，甚至滿足之情
的問題上。由此，貝爾轉向了對現代主義的
分析。②

　　資產階級的生活方式如今已被享樂主義
所支配，貝爾指出，享樂主義自有它合宜的
文化方式，那就是流行藝術（popart），流行

藝術反應了大衆的審美觀。但是，文化的
「嚴肅的領域」則已被顚覆資產階級生活的
現代主義原則所支配。作爲一種文化傾向、
文化情緒或文化運動，現代主義爲長期處於
「先進意識」的前列而在風格和感覺方面進
行不懈的努力，並在一個多世紀的歷史中不
斷地向資本主義社會結構和資產階級文化發
動進攻。事實上，貝爾認爲，現代主義早在
馬克思主義產生之前就開始攻擊資產階級社
會了。「那麼，這種雖然缺乏政治運動應有
的組織，卻能堅持不懈地發展自己的文化情
緒，到底有著什麼樣的性質呢？爲什麼它能
牢固地抓住藝術家的想像，並使自己代代相
傳，在每一群知識分子中總保持魅力常新
呢？」

　　歐文・豪（Irving Howe）曾經指出，要
爲現代主義下定義，必須使用否定性的術
語，把它當作一個「包蘊一切的否定詞」。
在〈現代性與現代主義的矛盾之解決〉一文
中，貝爾也曾試圖以這種方式來定義現代主

義，認為，作為文化衝動的現代主義是「對
古典主義的否棄；是對秩序、對稱和比例的
否棄；是對現實主義和『眞理一致論』的否
棄。」但是，這種否定性的方式事實上只是
表明了要爲現代主義下一周圓嚴密的定義的
「極端困難」性，貝爾於是轉而從三個方面
來勾勒現代主義的特徵：

　　1.從理論上看，現代主義是一種對秩序，
尤其是資產階級酷愛秩序心理的激烈反抗。
它側重個人，以及對經驗無休止的追索。現
代主義者把理性主義當作正在過時的玩意
兒。開拓鬼魅世界的狂熱正推動著藝術創造
潮流。開拓時期，人們無法確定審美的界限
（甚至無視道德標準），任由變幻無常的想
像盡情馳騁。他們反覆強調，經驗的渴求是
沒有邊際的，世上沒有任何神聖。「現代主
義的發展經歷是一部有關自由創作精神和資
產階級長期交戰的歷史。……（到如今）它
的敵人已經不僅僅限於資產階級社會，而且
涉及到『文明』及其『壓迫性容忍』或另外

一些限制『自由』的事物。」

　　2.在體裁上，產生出一種「距離的消蝕」（eclipse of distance）的現象，其目的是為了獲得即刻反應、衝撞效果、同步感和煽動性。古典藝術遵行兩條核心的原則：其一是理性，在「理性宇宙觀」的支配下，古典藝術把空間和時間組織進一種連貫、統一的表達形式中；其二是摹仿，或者說透過仿造來解釋現實，藝術是自然的一面鏡子，是生活的再現，知識是透過屏面（spiegel-buit）對外在事物的反思，即透過意識對反應事物的展示板進行理解的結果，判斷基本上是觀照，是對現實的一種觀察。兩條原則共同營造和維持著一種審美的距離，從而也留下思考和回味的空間。而現代主義徹底擯棄了上述原則。「它否認既定的外部現實是第一位的。它所尋求的是要麼重新安排現實，要麼退隱到自我的內心世界，退縮到隱秘的經驗中，把這些作為它關心和審美專注的源泉。」「不用觀照，只需代之以轟動、

同步、直接和衝擊。」於是，文學中出現了
「意識流」的手法，繪畫中抹煞了畫布上的
「內在距離」，音樂中破壞了旋律與和弦的
平衡，詩歌中廢除了規則與韻腳。審美距離
一旦消蝕，思考和回味也就沒有了餘地，觀
眾被投入經驗的覆蓋之下。心理距離消失之
後，充滿本能衝動的夢境和幻覺的「原本過
程」就得到了重視。

　　3.對傳播媒介的重視。在文化史上所有
時期，藝術家都十分關注藝術媒介的性能和
複雜內容。他們嚴肅地對待這類問題，以便
將「未成形」的藝術感覺表達出來，形成
「有型」的效果。但在最近，卻出現了一種
與內容或形式（即體裁和類型）無關而對於
藝術媒介本身的強烈專注。例如，在繪畫中
利用實物顏料和材料拼圖，在音樂中採用抽
象的「聲響」，在詩歌中玩弄音位與「喘息
間斷」，在文學作品中援用虛浮的語彙和詞
句，在戲劇中以犧牲人物性格為代價凸出動
作與場面——所有這一切，都常常弄到不顧

一切的地步，而其目的都是爲了自我表現，而不是爲了從形式上探討媒介本身的限度和實質。

現代主義帶來了西方文化史上最大的一次創作高峰。從十九世紀中葉以來，現代主義在文學、詩歌、音樂、美術等領域中都進行了空前未有的多種實驗。在所有這些實驗中，它都沒有例外地採取了與資本主義社會結構和資產階級文化相敵對的姿態。而作爲一種「敵對文化」，貝爾指出：「現代主義運動已經戰勝了那個保持著資產階級結構（經濟、技術與職業基礎）的社會。文化從這個社會中分離了出來，自行其是。」並且，從規模、生活方式以及對現代文化設施的影響等方面看，敵對文化的贊助者如今也已「足以構成一個特殊的文化階層。」現代主義文化「業已控制了文化體系」，「反資產階級的藝術家在理論和生活方式兩個方面均已取得了勝利。」

現代主義之所以會產生如此巨大的影

響，則在很大程度上獲益於它所以產生的時代背景。貝爾認為，現代主義是對於十九世紀兩種社會變化的反應：感覺層次上的社會環境的變化和自我意識的變化。一方面，在日常的感官印象世界裡，由於通訊革命和運輸革命帶來了運動、速度、光和聲音的新變化，打破了舊有的時空順序和整體意識，造成了人們在空間感和時間感方面的錯亂。另一方面，宗教信仰的泯滅，超生希望的喪失，以及關於人生有大限、死後萬事空的新知識，則造成了自我意識的危機。這是兩種體驗世界的方式。而現代主義藝術家最先捕捉到了這種感覺的混亂和自我的困惑。換言之，現代主義藝術既代表了試圖捕捉和把握外在世界變化之流的衝動，也體現了希望（透過無限度地張揚自我）克服由於宗教的衰敗而造成的內在精神世界的虛無和危機的努力。這在很大程度上投合了「企望從文學藝術中尋求刺激和意義，以此代替宗教的作用」的人們，從而「使現代主義變成了當今

的文化模式」。

不過，現代主義雖然成爲了當今的文化模式，控制了文化體系，但是，作爲「敵對文化」，現代主義對於資產階級社會所取得的上述勝利只是一種形式的勝利。文化是意義的領域，現代主義的生命力也依賴於它能否提供一種具有凝聚性的價值，以賦予人們的生活以意義。而在貝爾看來，現代主義顯然無法擔當這一使命。在現代主義的三個特徵中，距離的消蝕被貝爾認爲是最核心的，因而在這上面所花的筆墨也最多。

距離的消蝕有三個層面。第一是心理距離的消失。貝爾引證佛洛依德的觀點，即在潛意識中沒有時間感，而人格成熟的意義就在於具備了調節必要的距離（過去和現在）的一定能力，從而能夠區分什麼是過去？什麼是現實？能夠意識到過去的（包括那些創傷經驗）就是已經結束和過去的。而現代主義文化卻打破了這種區分，迷失了時間的箭頭通常所針對的方向。這也許會使人們得到

一定程度的自發感，但同時也使他們失去了高潮感或成就感。距離的消蝕的第二個層面是審美距離的消失，這意味著一個人失去了對經驗的控制——即退回來同藝術進行「對話」的能力。現代主義藝術家努力把觀眾置於藝術的中心，竭力把觀眾捲進藝術當中去體驗藝術而不是使他們與藝術對話。貝爾認為，最能說明審美距離消失的莫過於電影，巨大的屏幕、黑暗的觀眾席最適合產生這種效果。第三個層面是社會距離的消失，即藝術家和觀眾都投入到一種共同的體驗之中。

所有這一切的一切，貝爾指出，不可避免地要在人類經驗的整個範圍中製造一種對常識知覺的歪曲。把直接、衝擊、同步和轟動作為審美的——和心理的——經驗方式的結果，就是把每時每刻都戲劇化，把我們的緊張增加到狂熱的程度。然而這卻沒有留給我們決心、協調或轉變的時刻，即沒有那種儀式之後的淨化。這種情況在所難免，因為創造出來的效果不是來自內容（某種超經驗

的天職感、美化感，或一種經過悲劇或痛苦
後的心靈淨化），而幾乎全部來自技巧。
「不斷有刺激，有迷向，然而也有幻覺時刻
過後的空虛。一個人被包圍起來，扔來扔去，
獲得一種心理的『高潮』，或瘋狂邊緣的快
感，然而在感官旋風中周旋過後，卻是枯燥
的日常生活老套。在劇院裡，幕一落下，戲
已演完。在生活中，你必須回家，上床就寢。
第二天一早又醒來，刷牙、洗臉、刮鬍、大
便，再去上班。日常的時間當然跟幻覺叢生
的時刻有所不同；可是，這種脫節能伸延多
遠呢？」距離的消蝕，作為一種美學的、社
會學的和心理的事實，它意味著：對人類來
說，對思想組織來說，不存在界限，不存在
經驗和判斷的指令原則。時間與空間不再為
現代人形成一個可以安然依賴的座標。我們
的祖先有過一個宗教的歸宿，這一歸宿給了
他們根基，不管他們求索彷徨到多遠。而
「根基被斬斷的個人只能是一個無家可歸的
文化漂泊者。」正是在此種意義上，貝爾斷

言：「現代主義的眞正問題是信仰問題。」
新生的意識本身充滿了空幻，而舊的信念已
不復存在，如此局勢將人們帶回到虛無，既
無過去又無將來，人們所面臨的只是一片空
白。

　　如果說，現代主義曾力圖以刺激、衝動，
以酒神式的醉狂，以「美學對生活的證明」
來替代宗教或道德而塡補這一空白，那麼，
如今，就連這種傳統的現代主義也已經耗竭
了。而究其原因，則很大程度上也是由現代
主義的本身性質所致。貝爾引證歐文·豪的
觀點指出，現代主義存在於對流性方式的反
叛中，存在於對正統秩序的永不減退的憤怒
攻擊中。因爲，要不斷提供新的刺激，要始
終保持強烈的震撼力，就必須保持攻擊的
「永不減退」。但正是現代主義的這種脾
性，造成了它進退維谷的困境：「現代主義
一定要不斷抗爭，但絕不能完全獲勝；隨
後，它又必須爲著確保自己不成功而繼續奮
鬥。」現代主義爲自己規定了一種永遠超越

的命運，每一代現代主義者都以上一代的既有成就爲自己的起跑線。如此一浪推一浪，長此以往，現代主義思潮終於在爲反叛而反叛，在一味翻新中耗盡了自己的能量，成爲一只潑盡了水的空碗。它對資本主義的批判失去了創造力，徒剩下個反叛的外殼。「今天還有什麼舊的東西仍需要加以摧毀，而且誰又能寄希望於未來呢？」於是，現代主義原先的強烈震撼力（shock）日漸萎縮成爲花稍淺薄的時尙（chic），它藉以嘩衆取寵的實驗性和超脫感也日益瑣碎無聊。而這，貝爾認爲，最明顯地體現在各式各樣的「後現代主義」（postmodernism）中。

　　貝爾並沒有對現代主義和後現代主義做出截然的劃分，他認爲後現代主義在本質上是現代主義的，只是它把現代主義的邏輯推到了極端。後現代主義徹底用本能和色情取代了傳統現代主義對生活的美學證明；它拋棄了傳統現代主義在放棄了對內容的關注之後還羞答答地保留著的藝術形式，而徹底溢

出了藝術的容器，抹煞「藝術」與「生活」
的界限。後現代主義的通俗化了的一面以解
放、色情、衝動自由以及諸如此類的名義打
擊「正常」行為的價值觀和動機模式，為後
現代主義潮流提供了心理學武器；而傅柯、
布朗（Norman O. Brown）等人的著作則
構成了後現代主義的哲學理論。貝爾指出，
在傅柯、布朗那裡，「後現代主義不僅僅宣
告了『人的解構』和人道主義信仰的終結，
而且宣告了『認識論的中斷』。對於這些作
者來說，後現代主義是肉體的解放，正如現
代主義是想像力的解放一樣。」

　　後現代主義是六〇年代特定文化情緒的
產物。在這種文化情緒中，一方面，原先現
代主義者對於自我的熱衷以一種「更加刺
耳、更加刺目」的形式故態復萌，另一方面，
六〇年代文化情緒又夾著自己的特殊衝動，
如熱衷於暴力和殘忍，沉溺於性反常，渴望
大吵大鬧，強烈的反智傾向，想一勞永逸地
抹煞『藝術』和『生活』之間、主體與客體

之間、觀衆與藝術家之間的界限，熔藝術與
政治於一爐等。而所有這一切騷動，貝爾認
爲，對於文化史來說，至今具有重要意義的
是當時那種反藝術的情緒，以及文化大衆在
模仿並實踐以前爲少數文化精英所壟斷的生
活方式方面進行的努力。它們直接地導致了
一系列在貝爾這個文化保守主義者看來對於
文化無疑是災難性的後果。

　　在以沉鬱的心情對上述種種做了闡述之
後，貝爾最後不無蒼涼地寫道：現代主義，
作爲一種創造性力量，無論在美學還是內容
上，都已經基本完結，現代主義的高峰是在
二〇年代達到的，到六〇年代，當初引起震
驚和轟動的美學業已變得瑣碎無聊不堪，而
就它已經成爲文化大衆的財產而言，它是資
本主義文化矛盾的又一徵象。至於所謂的後
現代主義，作爲六〇年代的文化饋贈，在把
現代主義的邏輯推到極端以後，成了一具文
化的空殼：「在今天的嚴肅文化中旣缺少內
容又缺少形式：視覺藝術主要是裝飾性的，

而文學則是一種自我沉迷的喋喋不休或虛擬
的試驗。這種由重複出現的印象和重複講敘
的故事構成的文化是一種喪失基礎的文
化。」

　　然而，怎樣才能重建文化的基礎呢？

四、宗教復興和「公衆家庭」

　　面對文化領域的嚴重矛盾和信仰危機，
貝爾一方面提出了「限制」性的政策主張，
認爲要「限制那些超出道德規範、同魔鬼擁
抱並誤認爲這也屬『創造』的文化開發活
動。」另一方面，貝爾也從正面提出了建設
性的策略取向：其一，針對信仰危機，針對
西方社會中那種普遍的迷茫感，貝爾希望並
倡導重新向某些宗敎觀念回歸，以重建文化
的基礎；其二，針對資本主義文化的災變給
資本主義政治經濟造成的窘困，貝爾提出了

一種「公眾家庭」的理論。

㈠宗教復興

如前所述,文化是意義的領域,而探索意義的基礎可以有三個,即自然、歷史或宗教。但究竟何者是意義之根,是人類行為的指南呢?貝爾認為,人類行為的指南不可能在自然界,因為自然僅僅是從一端構成了物理的侷限,而另一端集中了有關人類生存的問題。人要在這兩極之間摸出一條道路來,可他沒有任何地圖。人類行為的指南也不可能是歷史,因為歷史沒有意向,它只不過是工具性的,是人力向自然的擴張。這樣,就剩下了一種答案,那就是宗教。宗教不是作為人在外在象徵中的一種社會「投影」,而是作為超越人類的一種超經驗概念,能夠把人以及他身外的某些事物聯繫起來。貝爾坦承,宗教問題是《資本主義文化矛盾》一書的「支撐論點」。

正如前面已經指出的，所有文化形態都
旨在回答人類生存的那些根本問題。但是，
宗教和其他文化形態的區別在於，它把他的
那些回答整合成連貫而明晰的教義，透過規
定的儀式借助於情感的紐帶而把信徒聯結在
一起，並且還建立了組織化的機構來不斷地
再生和擴張它的教義和儀式。雖然貝爾並不
認爲宗教是社會的「功能必需品」，這是他
和涂爾幹及其他功能主義者的不同之處；但
是他又指出，從歷史觀點來看，宗教在西方
社會中具有兩項功能：其一，「它把守著邪
惡的大門」，詳細地指明哪些是罪惡的破壞
性的行徑並將它們排除在外；其二，它透過
傳統提供了現在與過去的連續性。透過這兩
種方式，宗教鞏固了幾乎所有歷史上聞名的
西方文化。

自從資本主義興起以來，宗教經歷了兩
大轉變。第一是機構範圍裡的世俗化。對此，
貝爾的觀點和結構功能主義的觀點相類似，
即認爲世俗化並非是宗教實踐或信仰的衰

落，而是作爲一種社會團體的宗教機構的權
威與職能的縮小：從藝術、政治的公共領域
退縮到了教堂、家庭這樣的私人領域。事實
上，世俗化雖然得到技術——經濟體系的理
性化的有力支持，但這並不必然地導致在那
些私人領域中宗教實踐的枯萎。令貝爾更感
興趣的是第二個文化範圍內的轉變，這個轉
變有點類似於韋伯所說的袪魅過程，貝爾稱
之爲「大褻瀆」（great profanation）——
「即那套解釋人與彼岸關係的意義系統的衰
微」。而與「大褻瀆」相伴而起的，就是以
不斷衝擊和破壞各種禁忌爲能事，直至無所
神聖的現代主義文化。現代主義文化，如果
有一個心理中心的話，那就是「無神無聖」
的觀念。

　　「大褻瀆」之所以更令貝爾感興趣，是
因爲它開啓了各種宗教替代品生長發展的空
間。貝爾列舉了五種，即理性主義、唯美主
義、存在主義、市民宗教（civil riligions）
和政治宗教（political religions）。對於其

中的兩種，唯美主義和政治宗敎，貝爾做了詳細的分析，並發現，它們最終都失敗了。唯美主義（貝爾以波特萊爾爲主要典型）之所以失敗，是因爲它旣不能提供外在的客觀性，也不能提供明確指導；來自意志或激情的引導只能使人失去方向感。而像共產主義這樣的政治宗敎（在這裡貝爾以盧卡奇爲代表）之所以失敗，是因爲它們不能提供一套終極的價值以阻止人們那些邪惡的衝動。共產主義政權會無可避免地沿著獨裁主義和國家恐怖主義的方向走向腐敗墮落，甚至像盧卡奇這樣具有強烈人道主義傾向的人也不得不向其屈服。

「假如世俗的意義系統已被證明是虛幻，那麼人依靠什麼來把握現實呢？我在此提出一個冒險的答案——即西方社會將重新向著某種宗敎觀念回歸。」在貝爾看來，在對神聖進行了「大褻瀆」之後，必然會繼之以「大修復」（great instauration），宗敎的復興是文化的核心問題，因爲「文化的關

於存在的問題是無法迴避的。」宗教並不是
一種涂爾幹意義上的社會「財產」，而是人
類意識的一個組成部分，是對生存「總秩
序」及其模式的認知追求；是對建立儀式並
使得那些概念神聖化的感情渴求；是與別人
建立聯繫，或同一套將要對自我確立超經驗
反應的意義發生關係的基本需要；是當人們
面對痛苦和死亡的定局時必不可少的生存觀
念。與韋伯不同，貝爾認為，新的宗教回歸
不會採取早先宗教改革的那種清教化的途
徑，相反，新的宗教將是一種真正的、名符
其實的回歸，即回到傳統，將個體與過去和
未來聯結起來。在西方社會，貝爾指出，新
宗教將可能有三種形式：

　　1.道德宗教（moralizing religion）。這
將是一種嚴厲譴責道德責任的渙散、嚴格限
制完全的個人自由的任何可能的基本教義派
信念的回歸。在一定意義上，它將是一種清
教式的宗教觀念的復活，主要會出現在傳統
的農村和中下層階級的心臟地帶。

2.贖罪宗教（redemptive religion）。
這將是一種已經失卻的道德基地的恢復，是
在城市中產階級的理智水準上對於既往傳統
的一種再發現。它將使個體意識到他們對家
庭、社區、公共機構等所欠負的義務和職責，
從而喚起他們的道德意識。這種宗教的制度
結構──主要是社區──將置身於其成員和
疏遠的、異常龐大的官僚機構和政府之間。
總之這將是一種生活世界的宗教(lifeworld
religion)，將營造出一個彼此關懷的生活環
境。

3.神話宗教。在起源上，這是東方式的。
神話宗教將使過度理性化和科學化的世界再
度復魅（re-enchantment）。透過象徵符
號，神話宗教將顯示出在表面上相互衝突、
彼此排斥的事件和表達方式之中存在的形式
與目的的統一性。神話象徵將重新確立宗教
在傳統上所提供的文化的統一性，重新確立
自然世界、人文表達和終極意義的統一性。

㈡公眾家庭

　　如果說，貝爾關於宗教復興的思想所希
望解決的主要是超越性的、終極性的生存意
義的問題，那麼，他關於「公眾家庭」的理
念所著眼的則主要是與資本主義文化的災變
密切相關的非超越性的、世俗的政治經濟矛
盾。貝爾指出，在探討現代性的諸層面時，
必須區分在制度層面上的市民社會、心理學
層面上的資產階級特徵和作爲規範證明的哲
學個人主義。

　　市民社會一方面是遠離親緣、效忠和宗
教的關係領域，另一方面又遠離作爲對統一
意志和統一秩序之強行要求的國家。它是自
我利益的領域，在其中人們自由地追求不同
的目的，享受他們自己作爲生產者和消費者
的勞動，享受能夠實現其意圖的自願聯合。
事情的關鍵，從歷史上看，在於社會秩序和
政治秩序的分離：在這一分離中市民社會的

捍衛者試圖建立一個自主的領域以保護其活動。黑格爾透過將一個規定爲特殊、另一個規定爲普遍來越過這一區分：市民社會是低一等的領域，沒有理性原則指導它的發展或證明它的存在，而國家則是理性意志的具體化，自由是國家的賓詞，而不是市民社會的賓詞。黑格爾無疑是錯了，尤其是當國家滲透到社會生活的一切領域的時候。另一方面，當個人主義不受限制地發展，以至於不惜任何社會代價、不顧任何社會後果時，市民社會本身也會瓦解——其破壞性與國家過分集權的破壞性是一樣的。在美國，過去存在著一種「無聲的一致」，即有三種人們默認的設想：個人的價值將擴大到最大限度；日益增長的物質財富將緩和不平等所導致的緊張局勢；積累的經驗將爲未來的問題提供解決辦法。但是，今天，所有這些設想都破滅了：群體和集團自有它們的要求；日益增長的財富並未改變不平等現象，反而帶來了新的問題；在一個現代社會中，經驗已不再

是複雜的技術問題可以信賴的嚮導。貝爾指
出，當代社會的顯著特徵是它已成為一個
「公衆家庭」，在這當中，所有成員的社會
需求是首要的義務（primary obliga-
tion）。由此，在今天，必須將社會與政治重
新結合起來來理解它們的相互關係。換言
之，「爲了讓我們認爲自由社會的那種東西
能夠繼續存在下去，我們必須創立一種新的
大衆哲學。」

　　從政府預算的角度來講，貝爾指出，公
衆家庭是指對財政收入及開支的管理。更廣
義地說，它是滿足公共需要的媒介，與個人
的欲望是背道而馳的。它是社會中諸多政治
力量登場亮相的活動場所。貝爾沒有用像
「國家財政」、「社會部門」這樣較爲中性
的措辭，而選用了「公衆家庭」這一在社會
學上兼帶有家庭問題和共同生活之含義的名
詞，因爲，正如私人家庭謀求滿足個人的物
質需求一樣，公衆家庭的宗旨就是謀求滿足
社會之共同的需求，就是要提供一些個人無

法為自己提供的商品和服務。傳統上，這些商品和服務主要限於軍事保護、交通運輸的基礎設施、基礎教育等。但是，自三○年代以來，公眾家庭又增加了制定規範性的經濟政策、承擔科學和技術發展的費用，以及制定規範性的社會政策這樣三項新的任務或者說義務。這種擴展使得公眾家庭不再僅僅是經濟活動的除家庭經濟和市場經濟之外的第三個領域，「在現代政治體系的範圍內，它逐漸地同化了另外兩個領域。公眾家庭的主要特徵有：預算居於主導地位；政府的稅收和支出保持平衡，作為再分配和補償的手段。顯而易見，政府將花多少錢，花在誰身上，這些問題將成為未來幾十年的主要政治問題。」

　　然而同樣顯而易見的是，這些問題的解決得好與否，除了牽涉到影響著「公眾家庭」的「家底」的社會經濟發展狀況之外，更與作為「公眾家庭」之成員的社會公眾的文化價值觀念或者說政治信仰密切相關。更

明確地說，它需要社會公衆有一種貝爾所稱
的「城邦意識」（civitas，或譯之爲「公民
心」）。所謂城邦意識是指公民們自願地遵
守法律，尊重他人權利，抵制以犧牲社會幸
福爲代價去追求個人富足的誘惑，總之，是
指公民們自願地尊敬他們作爲其中一員的
「城邦」。但是，在資本主義文化災變中出
現的個人享樂主義價值觀顯然和這種「城邦
意識」格格不入，事實上，它只會瓦解「城
邦意識」，導致公衆責任感的喪失。這最明
顯地表現在稅收領域中。越來越多的公益產
品的開銷，越來越多的政府開支和服務性行
業的費用，最終都將來自稅收；但許多人並
不把稅收看成是購買公益產品所必不可少的
手段，而只注意到它減少了個人的收入。個
人消費是個人獨自選擇的事情，公共消費則
是法令的事情，多數人認爲後者剝奪了他們
「花錢的自由」，因此，對於政府提高稅收，
他們不僅感到不滿，而且常常直接採取逃稅
和抗稅行動。面對上述這種矛盾，貝爾最終

這樣總結道：「一個民主的政治體系將需要
越來越多的社會公共事業以滿足人民的要
求。但是，資產階級要追求的卻是反對政府
借助道德或稅收對他們的欲望加以束縛。社
會上的個人主義精神氣質，其好的一面是要
維護個人自由的觀念，其壞的一面則是逃避
社會群體所規定的個人應負的社會責任和個
人為社會應做出的犧牲。西方社會所面臨的
經濟困境的根源，就在於我們試圖把上述這
些相互矛盾的東西，聯合成一體。簡言之，
我們還沒有做到人人都獻身於一個公衆家
庭；或者說，我們還沒有做到人人都信奉一
種大衆哲學，一種可以調和個人之間摩擦的
大衆哲學。」

　　既然缺乏這樣一種大衆哲學，貝爾於是
就嘗試著來為現代自由社會的公衆家庭創立
一種規範性的政治哲學。他認為，要創立這
樣一種哲學，有四個問題必須解決，即：第
一、與公衆家庭相應的單位是什麼？這些單
位的權益之間的平衡原則是什麼？第二、自

由和平等這兩個社會準則多少有些互不相容，當人們試圖美化兩者中的任何一者時，兩者之間的緊張局勢是什麼？第三、在社會要求和經濟行為的相互競爭中，公平與效率之間的平衡原則是什麼？第四、在追逐商品的經濟活動中，在道德的王國裡，「公眾」領域和「私人」領域的範圍是什麼？貝爾對這四個問題一一做了闡述。

1.社會單位。什麼是首要的社會單位，在其運作中，誰將獲益？在亞里士多德看來，城邦是首要的社會單位。在天主教的社會理論中，家庭是首要的社會單位。依據古典的自由主義，個人是首要的社會單位。而依據現代的自由主義，首要的社會單位則是有多重利益的團體。在它們自己的活動範圍內，每一種社會單位都曾強調過自己的優先地位或必要性；每一種社會單位都曾反對過其他單位的要求。那麼，什麼是與公眾家庭相對的首要社會單位呢？是個人？是中介團體？還是國家？對這三者的任何一者單獨成為首

要社會單位，貝爾都表示拒斥，因為贊同任
何一者都將或者威脅到自由，或者威脅到公
眾利益，或者威脅到純正的追求抱負。貝爾
的回答是公眾家庭將承認所有個人和所有利
益群體的權利：「難以細述的答案是：社會
上不可能有一種其要求總是處於優先地位
的、雄踞於一切利益之上的利益──個人以
及他的財產或權利不可能是這樣一種利益；
國家（它要求指導和控制經濟活動及社會活
動，或者調節道德規範或個人行為）和多種
群體（他們要求補償和保護）也不可能是。
相反地，我們必須考慮到那些不論任何差別
而適用於所有人的規則、權利和情況；同
時，我們還必須考慮到那些顯示出群體之間
的相對差別（在需求方面，在補償的理由方
面，在要承擔的負擔方面）的規則、權利和
要求；並且據此進行分配。」

　　2.自由與平等。自由與平等的問題（某
種程度上對應於自由主義和社會主義的問
題），也就是個人之間的差異問題，以及政

府在減少這些差異或者抑制其不正當影響時
所起作用的問題。自由競爭會導致不平等的
結果，不過貝爾對此並不表示太擔心，因為
他認為今天在地位、收入和權威上的大多數
後果都是公正地產生的。當然，對貝爾的這
一斷言可能會有爭議，不過在此我們不妨把
注意的焦點放在他對這種不平等的結果的哲
學反應上。他認為，應該抑制不平等結果的
影響的普遍化，即個人之間的不平等應限制
在與其活動領域直接關連的個人之間的差異
之內。因此，金錢不應是獲得教育與否的決
定因素，能力才是。金錢也不應是獲得醫療
保健與否的基礎，身體的需要才是。貝爾引
證邁克爾·華舍（Michael Walzer）的話：
「將金錢的權力廢除於其領域之外……在社
會中，財富不再能轉換為與之並無內在聯繫
的社會商品。」而鑑於現實中金錢以及不同
程度上權力可以輕易轉換的事實，他認為有
必要對消費進行有選擇的徵稅並改進那些適
用於一切人的必要社會公用事業。貝爾最後

的結論是：「如果我們的標準是減少對資源
的不正當、不合法的特權支配影響，那麼有
關自由和正義的相對原則就是：按照每個人
所贏得的成就予以分配，按照適應於每個領
域的權力和特權進行分配。」

　　3.公平與效率。公平與效率的問題，就是
在於社會的「節約模式」（economizing
mode）與非經濟價值的社會標準之間的平
衡問題。所謂社會的「節約模式」即生產率
學說，或者增產節約的努力。從另外一個意
義上說，它也是當前與未來之間的平衡問
題：爲了保證給後代以更高的資本利率，當
代人必須做出多少放棄？反過來說也一樣，
在向後代索取代價時，當代人能夠用掉多少
可耗盡的資源？在此，貝爾認爲關於消費、
投資、資源保護的問題不能以個人爲中心來
考慮，而必須根據社會和未來的利益要求來
調節。不過貝爾沒有說明應在多大程度上對
個人的行爲加以調節以及「社會折扣」
（social discount）應該多大。

4.公眾與私人。公眾與私人的問題主要
就是國家應在多大程度上干預私人的經濟活
動和道德決斷的問題。在此,貝爾基本上贊
同不干涉主義原則。在經濟活動上,他認為,
競爭性的經濟肯定要比私人或公眾壟斷有成
效,他甚至主張把競爭導入福利領域,建議
社會服務應由競爭公共財政的私人代理機構
來提供。在道德王國,貝爾主張要嚴格區分
公共領域和私人領域,認為公共領域和私人
領域的分離仍然是某種市民化的生活 (a
civilized life) 的條件。「何為羞恥?要劃
出一條精確的界限來是不可能的。……但是
能夠下出定義的卻是公眾和私人的不同特
徵,可以在它們兩者之間築上一堵牆。這樣
一來,就可以禁止公開誇示色情、淫穢以及
使人格蒙受恥辱的那些好色的成分。但在那
堵牆之後,持有一致意見的成年人願做什麼
是他們自己的事情。」

總括上述四個問題的闡述,貝爾最後指
出,他的大眾哲學的根本宗旨就在於要擯棄

資產階級的享樂主義（包括享樂主義對經濟
欲望的功利主義的強調），同時保留政治自由
主義（包括該自由主義對個人差異和自由的
關切）。從歷史上看，政治自由主義一直與資
產階級社會相聯繫。他認為，經濟領域的自
由是所有其他領域的自由的先決條件。但
是，經濟自由主義早已在公司結構內演變為
多頭經濟壟斷；而在對私人要求的追求中，
經濟自由主義又變成了破壞社會需要的享樂
主義。貝爾認為，這兩者可以分開：一方面
在堅持公眾商品的必要性的同時摒棄對資產
階級要求的追求，因為那些要求缺乏一種社
會道德基礎；另一方面堅持政治自由主義，
以保證個人免遭高壓權力的壓制，並且在合
適的領域之內，保證個人獲得他由於個人的
努力和德行而應得的報償。這兩者的仲裁人
都不可能是市場，而必須是公眾家庭。

　　如果我們結合「公眾家庭」和「宗教復
興」的觀念，可以看出，貝爾在提出克服資
本主義文化矛盾及其引發或與其牽連的諸種

危機的對策時，並沒有忘記要統一他的文化
保守主義、政治自由主義和經濟社會主義的
價值立場。如果說文化保守主義使他緬懷既
往，並期望於宗教的復興的話，那麼，政治
自由主義則體現在他以個人為政治體制的基
本單位並嚴格區分公眾和私人之間的界限，
以保障每個人的政治權利與其私生活都各得
其所。「我所擁護的哲學自由主義不是個人
享樂主義的功利主義概念，而是康德對公與
私的區分——在這種區分中個人的自主性在
契約和道德的努力中得到捍衛。那是一個多
元而非一元的社會概念，根據這一概念，自
由在正當的過程中得到保護，而個人之間有
關私人事務的自願性協議也受到尊重。同
樣，根據這一概念，社會的和政治的事物被
委託給聯結國家和個人的諸種制度，被委託
給自願性和專業性的協會，用一句話來說便
是，被委託給作為公共活動之工具的市民社
會。」

　　在經濟上，貝爾的社會主義傾向則體現

在他堅持給每個公民以滿足其基本需求的「社會最低限度」配給，並反對富人將其財產轉換成其它領域內過分的特權或控制因素。在《資本主義文化矛盾》一書的最後，貝爾指出，在一定限度內，人們可以重新創造自己和社會，而為此，目前需要將三種行動結合起來：「重新肯定過去，惟有如此我們才可據有歷史遺產並瞭解我們應對後人承當的責任；承認資源有限，承認需求——個人的和社會的需求應當優先於無限制的欲望和要求；達成一種公正觀，它將給所有的人一種公平感並將所有的人包括進社會之內，它將促成這樣一種形勢，在那兒，在相關領域之內，人們變得更加平等因而能夠被平等對待。」

西方文明在二十世紀災變連連，危機四伏。對當代西方文明的自身反省和意義再釋直接關係著西方社會乃至整個人類的未來方向。越來越多的來自不同學科、具有不同的知識和思想背景的學者因此紛紛關注和投入

到這一跨學科的領域中來。貝爾身處災變症
狀最凸出的美國，率先從後工業社會理論切
入當代文化研究批判，因而占據了全景闡釋
的優越位置。他視現代社會爲一由經濟、政
治和文化三個領域相加而成的不協調複合
體，以三領域對立學說爲自己總體理論的出
發點，進而緊緊圍繞「文化」這一中心，展
開歷史的縱向剖析和現狀的橫截診斷。最
後，從他的文化保守主義立場出發，結合其
經濟上的社會主義、政治上的自由主義，開
出了他的醫治資本主義文化危機及與其緊密
相關的政治經濟矛盾的救贖之方。貝爾的文
化批判理論，正如本章開頭所說，在西方思
想文化界已引起了普遍的關注，產生了巨大
的迴響，而他本人也被列爲有實力在哲學話
語層次上於當代文化批判的頂峯展開角逐的
極少數幾位高段位棋手之一。

　　當然，旣然稱「角逐」，就意味著有批
評；而對理論的「迴響」，自然也包含著不
同意見。

其一，貝爾認為新教倫理和清教精神是
美國價值體系的根基，並且似乎視那些大移
民城市、金色的西部、陽光地帶等只是小城
鎮的邊緣性附屬物。但是，許多學者都認為
美國的價值體系存在於它的西歐移民大亨的
好萊塢夢幻中，存在於它的愛爾蘭鐵路建造
者們的渴望暴發致富的企業家精神中，存在
於東部的自由企業中，也存在於大城市的有
組織的犯罪和政治腐敗中。而小城鎮的作
用，只是一種暫時的脫離常軌，只是在一個
特定的時期偶然地契合了宗教的基本教義派
和政治極端主義。清教主義和美國的價值觀
是格格不入的，它強調的是集體至上和個體
的從屬性，而美國價值觀所強調的則是個人
主義。在此意義上，美國價值觀與現代主義
和後現代主義是不衝突的、一致的，也正因
此，現代主義和後現代主義在美國要比其他
任何地方都鬧得厲害。或許，在一定程度上，
這也正是詹明信並不把後現代主義看成是資
本主義的對立面，而是將其看作資本主義的

文化邏輯的原因。

　　其二，貝爾認爲現代主義的興起是因爲
技術的發展把邪惡的自我從宗敎的束縛中釋
放了出來。但有好幾種頗有影響的觀點與此
相反，認爲「自我」，無論其邪惡與否，都
只是一種現代構造，而不是本質性實際存
在。如傅柯認爲，性欲（貝爾眼中被放縱的
「邪惡的自我」的中心方面），在前現代社會
並不像現在人們所想像的那樣受到抑制，在
十八世紀以前，性或性欲尚未成爲知識的對
象，只是在日常生活中存在著欲望及其滿
足；但自十八世紀以來，性欲作爲知識的對
象，作爲權力實施的一種對象和工具產生
了。在傅柯看來，是資產階級社會「發現」
了性欲並將其定義爲墮落邪惡，以便透過規
訓加以控制，這是資本主義政治經濟策略的
一部分。對於傅柯或者對於紀登士（Anth-
ony Giddens）而言，在學校、監獄、醫院、
大學、國家機關以及工廠等等機構中得以制
度化的規訓（discipline）和監控（surveil-

lance）是現代社會的核心成分。貝爾告訴我
們說，資產階級文化在六〇年代已被徹底擊
敗，現代主義要反叛卻已沒有了反叛的對
象，但是傅柯卻告訴我們，社會中依然充滿
了權力壓制、精英操縱和官僚控制。

　　貝爾對於現代主義本身的論述也受到了
一些學者的批評。如奧尼爾（J. O'Neill）認
為貝爾關於現代主義文化的論述有時是含混
不清和自相矛盾的。當然，在此最引人注目
的要數哈伯瑪斯的批評。哈伯瑪斯也認為貝
爾對於現代主義文化的論述是自相矛盾的：
一會兒說「現代性」的內在衝動已經耗竭，
前衛派已經壽終正寢；一會兒又說前衛派儘
管還在發展，但已經失去了創造性；一會兒
又說，現代主義是主宰卻又死了。哈伯瑪斯
同時也全力抵制貝爾對現代主義文化的全面
掃蕩。在哈伯瑪斯看來，貝爾這種對於現代
主義文化的掃蕩，與七〇年代德國所發生的
情況十分相似。它把任何對立面都推向極端
而加以否定：把現代主義與虛無主義相提並

論，把政府規範同專制主義聯繫在一起，把
對於軍備開支的批評說成是對於共產主義的
奉承，把婦女解放和同性戀權益說成是毀滅
家庭，把一般的左派說成是恐怖主義、反猶
主義和法西斯主義等等，因此這的確代表了
一種極其危險的新保守主義的傾向。不過，
這裡倒需要指出，當哈伯瑪斯把目光轉向德
國時，他所捍衛的「現代主義」和貝爾所譴
責的「現代主義」在一定程度上可能已經不
是同一個東西。貝爾對當代資本主義文化矛
盾的揭露和批判若限於美國的社會環境來考
慮，即便有「保守」的傾向，也絕不至於有
讓左翼思想透不過氣來的感覺。而當哈伯瑪
斯反擊新保守主義，說它把社會的種種弊病
都歸咎於文化是錯誤的，當他大聲疾呼「文
化」在這些問題上的作用是非常間接的，往
往是受制於其它因素的作用等等，從而爲現
代主義文化辯護時，他的目光，如上所說，
實際上已經轉到了七〇年代的德國，德國的
新保守主義者要左翼知識分子對德國社會弊

端負責的叫嚷四時不絕於耳。貝爾對當代資
本主義文化矛盾揭露，對後工業社會中文化
滑坡的批判，使他聯想到德國知識界業已出
現的對於現代主義的討伐浪潮。哈伯瑪斯有
一未曾明言的指導思想：不能讓極右的保守
主義在德國捲土重來，不能授人以柄，使德
國的現代主義運動半途而廢。只是當他以此
來批評貝爾時，則可能顯得有點隔靴搔癢。

　　最後，對於貝爾為克服資本主義文化矛
盾及與之關連的社會經濟危機而提出的救贖
方案，最令人懷疑的無疑是其有關宗教復興
的觀念了。貝爾將其所謂「大褻瀆」等同於
韋伯所說的「祛魅」，並認為「大褻瀆」之
後必將繼之以「大修復」。但在韋伯那裡，
祛魅的過程是一個不可逆轉的過程。人是不
能夠透過反思性的行動或哲學的思索而來獲
得信仰或人為地創造或「修復」宗教的。信
仰或宗教的活力只能植根於緜延不斷的傳統
或超經驗的體驗之中。而在傳統已然斷裂、
從而失去其在人們內心中的權威性的情況

下，則正如哈伯瑪斯在批評貝爾將救贖的希
望寄託於宗教的再生復興時所指出的那樣，
除非出現魔術般的奇蹟，否則我們根本無法
把具有權威性的信仰召回。

　　不過需要說明的是，貝爾自己其實並非
完全沒有意識到這一點，所以他才會把他自
己提出的「重新向著某種宗教觀念的回歸」
看成是一種「冒險的答案」。也正因為貝爾
自己也意識到他的方案並不一定管用，才讓
人覺得這位面對資本主義文化危機殫精竭慮
苦思解救良方的老學者看起來確實像有人所
描述的那樣「很像是從海裡撈出所羅門寶瓶
的那個倒霉漁夫」。

註釋

① 「文化霸權」（cultural hegemony）這個概念的創造者是義大利馬克思主義學者安東尼奧·葛蘭西（Antonio Gransci），意指資本主義制度下統治階級的思想。

② 在《資本主義文化矛盾》的德文版〈後記〉中，貝爾在形態上對現代主義和現代性做了如下區分：「現代性是一種世界觀（a world outlook），這種世界觀在生活和思想中強調以經驗而非傳統作爲判斷的試金石。現代主義則是透過象徵性和表現性的語言來表達這種世界觀的一種文化潮流。」

結束語

　　帕森斯曾給知識分子下過這樣一個定
義：知識分子「是這樣一種人，儘管作為社
會的一員，他理所當然地扮演了複雜的社會
角色，但在他被期待（一個他自己也正式分
擔的期待）的主要角色資格上，在確定其投
身時，他把文化關注置於社會關注之上。由
此，他的首要角色和位置，作為對其行動的
有價值的結果的貢獻，才是富有意義的。在
這方面，他與一個組織的管理者，同樣也與
一個走下坡路的專制君主，一個企業主，一
個『有家累的人』，更不用說一個女人，鮮
明地區別開來。」而如果說，文化關懷顯示
了知識分子和其他社會成員的主要區別的
話，那麼，根據對於現實社會問題和事務的
關注介入與否，根據對於社會關懷的投入程
度，可以區分知識分子群體內部的不同類
型。在此，我們不妨把那些全心投入自己的
專業學術領域而對現實社會相對保持著超然
甚至疏離姿態的知識分子稱為「專業型知識
分子」，而把那些與社會的脈搏一起跳動，

密切關注現實社會的狀況趨勢，並且將這種
關懷融入其學術思想活動的知識分子稱爲
「公共型知識分子」。貝爾無疑屬於後者。
正如我們在本書一開頭就提到的，貝爾是社
會學家，是學者、教授，他同時也是記者、
編輯和社會科學界的活動家，他參與和介入
了政府和許多其他公共機構的活動，並且，
他的學術思想本身就直接體現了他深切的現
實社會關懷。

　　公共型知識分子的角色和形象與專業型
知識分子的角色和形象有一明顯的區別。如
果說，專業型知識分子的角色和形象主要取
決於他獻身的專業領域內的學術地位和影響
的話，那麼，作爲公共型知識分子，則除此
之外，還有一個重要的方面，那就是他的
「公衆形象」（public image）。那麼，貝爾
在公衆面前呈現的是怎樣一種形象呢？在許
多人——如哈伯瑪斯、奧尼爾、沃德（A.
Wald）等——看來，貝爾無疑屬於新保守主
義者的陣營。貝爾和克里斯多、格萊澤、李

普塞、杭廷頓（Samuel P. Huntington）等
新保守主義者一直保持著密切的關係，並且
經常在自己的著作中引證他們的觀點──史
坦費爾斯（P. Steinfels）認為這是貝爾被
貼上新保守主義者標籤的主要原因。但也有
人指出，要把貝爾與克里斯多這些新保守主
義者區分開來並不為難。譬如列波威茲（N.
Liebowitz）認為新保守主義事實上是一些
自由主義者在六○年代所選擇的一條「岔
路」，在為重組美國社會而進行的鬥爭中，
由於對新左派失去信任，他們改變了原先的
社會主義立場路線，轉而與溫和的右翼聯
合。而貝爾，雖然也有與激進的早年告別的
經歷，但是，他的社會主義（當然是在他自
己所限定的意義上）傾向卻基本上是一貫
的。至於貝爾自己，他一方面始終保持著和
克里斯多等人之間的個人友誼和密切聯繫，
認為基於政治的或宗教的立場而拒絕友誼和
共同的體驗是不可接受的，另一方面，他也
一再表示拒絕「保守主義者」這一籠統的標

籤，因爲它掩蓋了他的價值取向的複雜性，
抹煞了他和那些公認的新保守主義者的觀點
之間的重大區別。

事實上，任何貼標籤的行爲都意味著對
複雜事物的簡單化，都不可避免地隱含著削
足適履的可能。在刻劃認定貝爾的公衆形象
時無疑也是如此。因此，在這裡，重要的不
在於應該給貝爾貼上一個什麼標籤，無論是
社會主義者、自由主義者還是新保守主義
者，而在於如實地認識、把握貝爾向公衆宣
示的具體的價值立場思想傾向。如前所述，
貝爾曾明確地宣布他在經濟領域中是社會主
義者，在文化領域中是保守主義者，在政治
領域中是自由主義者，並對他所說的社會主
義、保守主義、自由主義的所指做了明確的
限定。而他的一系列著作則更具體地向人們
宣示了他的所是所非：他信奉家庭和私人領
域的神聖性，信奉美國的憲法，信奉文化中
的權威準則、精英標準，他主張以西方理智
傳統來敎化靑年，培養他們對於社群的責任

意識和宗教道德意識；他反對無政府狀態和
虛無主義，貶斥極端主義、自我滿足，反對
對於婦女和少數民族的歧視偏見，批判經濟
上的個人主義猖獗，同時也警惕壓制個人自
由和創造性的過分管制。如此種種，就是貝
爾的眞實立場，如果要說公衆形象，這就是
庶幾近之的貝爾。

　　還是讓我們再來看看在社會學這一專業
領域中的貝爾吧。關於貝爾對於社會學這門
學科的影響或者說貢獻，我們可以從兩個層
次上來分析：第一是在總體的層次上，第二
是在一些具體論斷或命題的層次上。

　　就在總體層次上貝爾對社會學的貢獻而
言，我們認爲最值得稱道的有兩個方面。首
先是在方法論方面。在社會學方法論上，一
直存在著整體論（和唯實論相聯繫）和原子
論（和唯名論相聯繫）兩大傳統。整體論一
方面往往導致遠離經驗現實、大而無當的、
抽象的形式主義，就像貝爾批評帕森斯所說
的，用「一個範圍非常廣泛的字盤給了我們

一個分析詞彙表，但它本身脫離經驗的實際
太遠，使我們無從再次進入他的圖解。」另
一方面，作爲一種「方法論的本質論」或者
說「本質主義的認識論」，整體論又容易導
向不容質疑的、封閉的權威主義態度，導致
獨斷論。而原子論，又往往會導致只見樹木
不見森林的偏狹，導致無視理論的經驗主義
短視。這兩種方法論傳統一方面相互對立，
另一方面，特別是在美國的社會學講台上，
又正如布爾迪厄（Pierre Bourdieu）所形
容的那樣：存在著一種默契的「策略性聯
盟」，形成了一個「知識控股公司」，嚴重
地影響了社會學的進步與發展。貝爾將社會
分爲經濟、政治、文化三大領域，每一領域
都有自己的軸心原則和結構的中軸原理，則
力圖避免，在相當程度上也確實避免了整體
論和原子論雙方的弊病，爲社會學研究提供
了一個新的獨特的視角，在社會學方法論上
堪稱獨樹一幟。

　　貝爾在總體層次上對社會學的貢獻的第

二個值得稱道的方面是，他和其他一些社會
學家一道重新爲社會學這門學科注入了人文
精神和關懷。在一些古典社會學家那裡，特
別是在馬克思、韋伯、辛穆爾等人那裡，社
會學是富有人文關懷的，馬克思關於人的全
面發展的憧憬，韋伯對於工具理性的「鐵籠
子」的憂嘆，就集中地體現了這種精神。但
是，逐步地，在自然主義──實證主義方法論
的支配下，特別是在社會學的大本營移到素
以實用主義價值觀著稱的美國之後，這種人
本主義的精神和關懷就慢慢地淡化甚至失落
了。在研究中，以自然科學的客觀科學眞理
取代生活世界的存在眞理；把紛繁複雜、變
動不居的社會生活現象還原成幾種因素的互
動關係，導致以模式或變量的互動關係取代
眞實存在；強調社會研究中的一切現象均應
量化，而對做爲社會行動主體的人的生命的
意義，則或根本忽略不計、或同樣地採取任
意量化的處理方式；混淆社會學與自然科學
的對象的根本區別，主張社會學研究要保持

虛假的甚至虛僞的客觀性、中立性，反對價
值因素的介入。社會學基本失去了道德理想
而蛻變爲技術控制的工具，這最明顯地體現
在所謂的「社會工程學」、「社會控制論」
的構想中。

面對這種情形，一些激進的社會學家，
例如米爾斯（C. W. Mills）、古德納（A.
Gouldner）以及法蘭克福學派的一些理論
家等，進行了深刻的批判和反思。其中特別
是古德納，他在其《西方社會學面臨的危
機》一書中，對主流社會學的現狀進行了全
面而深入的反省批判，並把自己的研究稱爲
「反思社會學」，並認爲，反思社會學的最
終目的就是要深化社會學家在任何給定的時
間和給定的社會中他是誰和是什麼的自我意
識，深化他的社會角色和他的個人實踐如何
影響作爲社會學家的他的工作的思索；反思
社會學關注的是成爲一個社會學家和成爲一
個人的關係，追求的是社會學家的自我改造
和由此而來的他在這個世界上的實踐的轉

變，促使社會學在更大的世界上更加人道地發揮作用。一言以蔽之，就是要爲社會學重新注入人文精神和關懷。而貝爾，雖然沒有像古納德那樣專門的對主流社會學的批判反思之作，但他的社會學研究著述活動卻滿含著人道精神，實際上是實踐了古納德的倡導，因而在這方面他們事實上是同道。也正因此，美國社會學家波洛瑪 (M. Poloma)在根據社會學家的自我形象以及社會學理論的性質而劃分當代美國社會學家的類型時，才會把貝爾與古德納、米爾斯三人一起看成是「人本主義先知」。

最後讓我們再來看一下貝爾的一些具體的論斷或命題在社會學界所產生的影響。貝爾顯然有一種特殊的才能，那就是能夠敏銳地捕捉覺察到時代精神的變化，以一種富有刺激性、衝擊力的方式爲這種變化命名，並在西方傳統之中爲其定位。因此，貝爾的言論往往能夠激發起與他一同生活在時代變遷之中的人們的進一步思索和爭論。如今，我

們已經相當的熟悉了關於「新時代」
(New Times) 的種種理論，我們已經司空
見慣於各種各樣的「後某某」或「某某的終
結」的說法。也許貝爾自己並沒有有意識地
想要成為這些理論說法的前鋒，但是，就思
想的起源激發傳承而言，他的一系列論斷命
題卻無疑是它們的事實上重要源泉：

　　1.關於意識形態終結的論述，指出了政
治將超然於或者說不再糾纏於階級之間的對
抗，而重新以價值觀和生活方式為中心，因
此，他事實上開了各種「新的」或者說「後
唯物主義的」政治理論的先河。

　　2.關於後工業化的理論引起了各方面的
回應，雖然許多理論家的立場和貝爾並不完
全相同，但顯然都從貝爾那裡獲益匪淺。其
中重要的如李歐塔 (J. Lyotard) 關於後現
代狀態的分析，認為社會正在進入後工業時
代，文化正在步入後現代時代，就直接地吸
取了貝爾的觀點，雖然，在李歐塔那裡，步
入後工業時代的社會和步入後現代的文化是

相互契合彼此共鳴的。再如拉什 (S. Lash)
和尤里 (J. Urry) 關於符號經濟 (economies
of signs) 的觀點同樣也直接源自貝爾，他
們認爲，後工業化激增了表達傳遞訊息的認
知符號，這些符號已取代物質要素而成了生
產的核心要素；專家機構及其作用已成爲決
定當代生產系統能否成功的關鍵因素。

　　3.《資本主義文化矛盾》的一個重要貢
獻是它遠在後現代主義尙未像今天那樣成爲
時髦話題之前率先對這一問題進行了發人深
省的分析。固然，貝爾對後現代主義的解釋
說明和後來諸如哈維 (D. Harvey)、拉什
和尤里，以及克洛克 (S. Crook)、巴庫斯
基 (J. Pakulski) 和沃特司 (M. Waters)
等人的觀點有著本質的不同：哈維從時空觀
念的瓦解，來說明理解後現代感覺(post-
modern sensibility)，拉什和尤里把後現代
文化同一個正在上升的階級聯繫起來，克洛
克等人則把他們稱之爲「後文化」(post-
culture) 的現象的出現看成是廣泛存在的

對於主導性社會潮流的冷嘲式反叛逆轉的一部分；而貝爾，正如我們已經看到的，則把後現代主義看作是現代主義的邏輯的極端發展。但是，所有後面這三種觀點，就其均認爲後現代主義包含著傳統的中斷和衰退以及一種變易不定的、自我滿足的心理或精神的出現而言，則都吸取了貝爾的思想。

此外，貝爾在《資本主義文化矛盾》中有關「隨意型社會行爲」的論述與後來紀登士在《現代性和自我認同》以及貝克（U. Beck）在《風險社會》中的有關論述在結論上也相當一致。貝爾認爲，在當代社會中，個人的行爲模式將越來越取決於他自身的風格特性，而不是他的社會處境，特別是他在階級結構中的地位。而紀登士和貝克在探討現代社會中自我認同新機制的出現及影響時也認爲，在當代社會，個體不再是社會情境的產物，爲了應對現代性成長過程中權威和知識體系的多元化以及不確定性的增長，人們將努力超離傳統的關係、義務、責任，用

一句話來說，制度的制約，努力對自己的生活加以細緻的規劃，對自己的生活方式加以細心的選擇。

4.此外，在《工作及其不滿》一書中，貝爾指出，工業化從普遍性、統一性、標準化的方向重組了人類的時間和空間概念。這一論斷和後來麥克魯漢（M. McLuhan）在論述現代傳媒的作用時所提出的觀點如出一轍；而在後來則又為紀登士所吸取：在1990年出版的《現代性的後果》一書中，紀登士指出，現代社會的所謂秩序問題，實際上就是「時—空伸延」的問題，即由於時間概念在全球範圍內的標準化，由於現代通訊技術使得空間和場所相脫離——在場的東西的直接作用越來越為在時間—空間意義上缺場的東西所取代——現代社會在遠比傳統社會更廣闊的範圍內——在全球的範圍內——將時間和空間組織起來，從而連接了在場和缺場。就貝爾在該書中將時間的標準化和工作紀律相聯繫而言，則他的論述也觸及到了傅

柯在1979年所出版的《規訓與懲罰》中的一
個核心問題。

　　由貝爾率先提出並引起其他同時或後來
學者共鳴的論斷自然不止上述這些，有許多
散落在各種零散的論文篇章中，而作爲這本
小書的結束語，在此就不再逐一論及了。但
最後還需要指出的是，正像前面我們說貝爾
自己並沒有有意識地想要成爲各種關於「新
時代」的理論學說的前鋒一樣，他甚至還有
意識地使自己和這些理論保持一定距離。例
如：爲了防止誤解，他明確把後工業社會的
概念僅僅限制在社會結構（技術——經濟結
構）的範疇內；同樣，他堅持認爲後現代主
義是現代主義的邏輯極端化發展和擴張。但
事情往往有不由人自己左右的一面。一些思
想概念——特別是富有解釋力、說明力的思
想概念——一旦進入了學術共同體的交流互
動過程，它們就會脫離其原創者的設定而獲
得自己的生命，這在學術思想史上並不鮮
見，發生在貝爾身上也不足爲怪。

參考書目

一、中文部分

1.丹尼爾·貝爾，《後工業社會的來臨》，高銛、王宏周、魏章玲譯，新華出版社，1997。

2.——，《資本主義文化矛盾》，趙一凡、蒲隆、任曉晉譯，三聯書店，1989。

3.——，《當代西方社會科學》，范岱年、裘輝、彭家禮、易克信譯，社會科學文獻出版社，1988。

4.西摩·馬丁·李普塞，《政治人》，張紹宗譯，上海人民出版社，1997。

5.——，《一致與衝突》，張華青等譯，上海人民出版社，1995。

6.艾倫·斯溫傑伍德，《社會學思想簡史》，

陳瑋、馮克利譯，社會科學文獻出版社，
1988。

7.宋林飛，《西方社會學理論》，南京大學出
版社，1997。

8.王岳川、尚水編，《後現代主義文化與美
學》，北京大學出版社，1992。

二、英文部分

1.Bell, D. *The End of Ideology: On the Exhaustion of the Political Ideas in the Fifites,* Harvard University Press, 1988.

2.——, *Marxian Socialism in the United States,* Princeton University Press, 1967.

3.——, (ed.), *The Ridical Right,* Anchor, 1964.

4.——, *Work and its Discontents,* League for Industrial Democracy, 1970.

5.——, *The Winding Passage: Sociological*

Essays and Journeys, Transaction, 1991.

6.──, 'First Love and Early Sorrow'；*Partisan Review* 48 (4): 535-551.

7.──, 'Resolving the Contradictions of Modernity and Modernism', *Society* 27 (3; 4): 43-50; 38-56.

8.Brick H. *Daniel Bell and the Decline of Intellectual Radicalism,* Wisconsin University Press, 1986.

9.Leiowitz, N. *Daniel Bell and the Agony of Modern Liberalism,* Greenwood, 1985.

10.Steinfels, P. *The Neo Conservatives,* Simon & Schuster, 1979.

國家圖書館出版品預行編目資料

貝爾 ＝ Daniel Bell／王小章著.--初版.--
臺北市：生智, 1999 [民 88]
面； 公分. --（當代大師系列；16）
參考書目：面
ISBN 957-818-036-5（平裝）

1.貝爾（Bell, Daniel, 1919- ）學術
思想 — 社會科學

509.52 88009554

貝爾 當代大師系列 16

著　　　者／王小章
出 版 者／生智文化事業有限公司
發 行 人／林新倫
總 編 輯／孟 樊
執行編輯／許淑芬
登 記 證／局版北市業字第 677 號
地　　　址／台北市文山區溪洲街 67 號地下樓
電　　　話／(02)2366-0309　2366-0313
傳　　　真／(02)2366-0310
網　　　址／http：//www.ycrc.com.tw
E－m a i l／tn605547@ms6.tisnet.net.tw
印　　　刷／科樂印刷事業股份有限公司
法律顧問／北辰著作權事務所　蕭雄淋律師
初版一刷／1999 年 10 月
定　　　價／新台幣 200 元
郵政劃撥／14534976
I S B N／957-818-036-5

南區總經銷／昱泓圖書有限公司
地　　　址／嘉義市通化四街 45 號
電　　　話／(05)231-1949　231-1572
傳　　　真／(05)231-1002